Kartoffeln

SCHÄTZE VOM FELD

MATTHIAS F. MANGOLD

Kartoffeln

SCHÄTZE VOM FELD

MATTHIAS F. MANGOLD
FOTOS VON ALEXANDER WALTER

KOSMOS

KARTOFFELN

Vorwort 7

Ganz schnell 9
Kartoffeln sind unkompliziert: Während die
Knollen vor sich hin garen, wird der Rest des
Rezepts vorbereitet.

Kartoffelsorten 10
Kartoffeln garen 12

Ganz einfach 29
Kartoffeln für jeden Tag: leckere Gerichte,
die Magen und Seele guttun und absolut
alltagstauglich sind

Nahrhaft und gesund 30
Kaufen und lagern 49
Im Garten – Kartoffeln selbst ziehen 66
Kartoffeln und Alkohol 79

UND HIER
SEHEN SIE
ES GANZ
GENAU.

DAS IST
wirklich
WICHTIG

DARAUF KOMMT'S AN! Hier erläutern wir alles, was zum Gelingen des Rezepts wirklich wichtig ist. Wo es sinnvoll ist, mit Bild, sonst auch ohne.

Ganz fein **85**
Kartoffeln als Genusserlebnis: lange aus-
schlafen, gemütlich einkaufen, mit Hingabe
kochen und dann – genießen!

Gut bekannt – nicht verwandt **86**

Ganz besonders **121**
Kartoffeln in Bestform: Nicht ganz alltägliche
Zutaten und raffinierte Geschmackskombina-
tionen verwöhnen den Gaumen.

Werkzeuge **123**

Register **138**
Akteure & Impressum **144**

„RIN IN DIE KARTOFFELN …"
Diese Knollen sind echte Alleskönner!

…hieß es beim Preußenkönig Friedrich im 18. Jahrhundert – und er hatte ein offensichtlich gutes Gespür dafür, wie er seinen Untertanen die neue Knolle aus Amerika schmackhaft machen konnte: Der Alte Fritz aß selbst demonstrativ oft und öffentlich Kartoffeln. Und recht hatte er, denn sie sind nahrhaft, ohne dick zu machen, enorm günstig im Preis und in vielerlei Variationen zubereitbar.

Wir möchten Sie einladen, in diesem Buch die nahezu unbegrenzten Möglichkeiten der Kartoffel noch besser kennenzulernen. Angereichert mit jeder Menge nützlicher, alltagstauglicher Tipps, sollen die ausgewählten Rezepte richtig Abwechslung auf den Tisch bringen. Langeweile kommt hier keine auf. Ob gekocht, gedämpft, gebraten, ob am Stück, in Scheiben geschnitten, als Teig verarbeitet, ob als Hauptspeise, als Beilage oder für den kleinen Hunger zwischendurch, ob salzig, süß, würzig oder als verhaltener Begleitakkord – wir zeigen Ihnen alles von den Basics bis hin zu mancher Finesse.

Wichtig freilich ist, sich mit den Qualitäten vertraut zu machen. Wie sieht eine gute Kartoffel aus? Wie riecht sie? Wie fühlt sie sich an? Ihre Qualität zu beurteilen hängt auch davon ab, was sie aus vielleicht gerade *dieser* Kartoffel in Ihren Händen später zubereiten wollen.

Manche unserer Rezepte muten sehr traditionell an, wie aus Omas Küche. Andere hingegen sind modern und internationalen Küchen entlehnt. Beides unterstreicht die universelle Einsetzbarkeit dieses einfachen und doch seltsamen Erdapfels in der großen Spanne vom Grundnahrungsmittel bis hin zum höchsten Genuss.

Zudem wollen wir Sie zum Experimentieren verleiten: Probieren Sie mal blaue, rote oder gesprenkelte Kartoffeln aus, wenn Sie sie in die Finger bekommen! Lassen Sie die Supermarkt-Einheitsware hinter sich, gehen Sie auf die Märkte – und machen Sie mit Ihrer Neugier einen Kartoffelbauern glücklich.

Bei so vielen Ideen möchten Sie bestimmt nicht wieder „raus aus die Kartoffeln!"

GANZ SCHNELL
unkomplizierte Kartoffeln

KARTOFFELN SIND GENÜGSAM. WÄHREND SIE VOR SICH HIN GAREN, BEREITEN SIE DEN REST DES GERICHTES VOR. AUCH IM OFEN BRAUCHT DIE KARTOFFEL WENIG ZUWENDUNG. HIER FINDEN SIE EINFACHE, GESUNDE REZEPTE, DIE ALLEN SCHMECKEN.

KARTOFFELSORTEN
Wie die Sorten schmecken und wozu sie passen

BEIM EINKAUF VON KARTOFFELN können wir in der Regel aus drei Gruppen wählen, je nachdem, was wir zubereiten wollen: festkochend, vorwiegend festkochend und mehligkochend. Welche Sorte im Einkaufskorb landet, spielt meist eine untergeordnete Rolle – dabei hätten wir theoretisch die Auswahl unter annähernd

4.000 vielfach sehr unterschiedlichen Sorten weltweit. Natürlich müssen wir bei unseren Händlern und Bauern mit einem kleineren Sortiment vorliebnehmen, doch selbst in der gleichen Grundgruppe finden sich verschiedene Vorzüge, die auch geschmacklich in jeweils andere Richtungen gehen. Hier einige Beispiele für beliebte und gängige Sorten:

FESTKOCHEND
Sie beinhalten wenig Stärke und viel Flüssigkeit mit festem, glänzenden Fleisch. Die Sorten fallen beim Kochen nicht auseinander – ein wichtiges Kriterium, wenn die Optik beim Kochen von Bedeutung ist. Gut für Gratins, zum Braten, Rösten und Frittieren, natürlich auch für Salate.

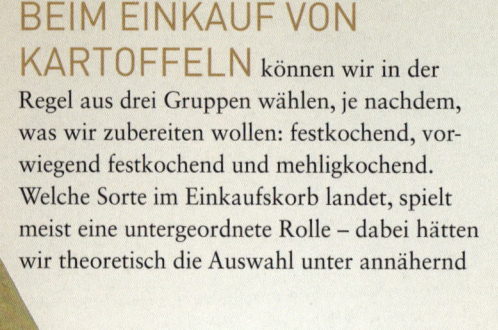

Eine der meistgefragten Sorten ist **Sieglinde**, die älteste zugelassene deutsche Sorte. Durch den Anbau in schweren, oft moorigen Böden ist sie sehr geschmacksintensiv. Auch **Linda** ist aromatisch, tendiert aber bei längerer Lagerung in Richtung mehlig. **Bamberger Hörnle** und **La Ratte** finden immer mehr Freunde. Diese eher länglichen als runden Knollen sind sehr würzig, fast schon erdig-nussig, in jedem Fall zählen sie zu den besten festkochenden Sorten. Interessant noch die violette **Vitelotte** mit ihrem erdig-mineralischen Geschmack – sie bringt Farbe auf den Teller.

VORWIEGEND FESTKOCHEND

Mäßig feucht, daher hervorragend geeignet für Pürees und zum Kochen, für Suppen, bedingt auch zum Braten und Rösten. Im Grunde die Kartoffel, die man als Allrounder nimmt, weil sie die Eigenschaften von festkochend und mehlig vereint und dennoch eher fest bleibt.

Zwei rote Sorten, nämlich **Laura** und **Roseval**, sind durch ihre Vielseitigkeit und den kräftigen, nachhaltigen Geschmack auf dem Vormarsch. Blaues Pendant dazu wäre der **Blaue Schwede**, eine leicht süßliche, an Maronen erinnernde Kartoffel, die immer mehr Bauern ins Programm aufnehmen. Gelbe Klassiker sind **Quarta**, **Gloria**, **Granola** und **Christa**, allesamt verlässlich, mitunter aber etwas sehr neutral. Eine gute Saucenkartoffel ist auch **Hela**, ähnlich wie die **Solara**.

MEHLIGKOCHEND

Viel Stärke, wenig Flüssigkeit. Mit zunehmender Reife verwandelt sich der Zucker in Stärke, was sie ideal macht für Knödel, Pürees, Gnocchi, zum Rösten und Backen. Beim Kochen springen sie leicht auf und fallen auseinander, weswegen diese Arten als ganze gekochte Kartoffeln nicht so schön aussehen.

Viele Konsumenten kennen und schätzen die **Bintje**, eine alte holländische Sorte mit großen Knollen – daraus lassen sich wunderbare Ofenkartoffeln backen. **Aula** und **Freya** gehören ebenfalls zu den gängigen Sorten, auch **Maritta** und **Datura**, seit einigen Jahren die **All-Blue**, die ausnahmsweise auch für Salate recht gut geeignet ist.

FRÜHKARTOFFELN

Frühe Sorten, die bereits am Ende des Frühjahrs angeboten werden, sind meist eher festkochend und stärker im Geschmack. Solche „neuen" Kartoffeln sollte man zum Garen direkt in kochendes Wasser geben. Späte Sorten hingegen tendieren zu mehlig und werden in kaltem Wasser aufgesetzt.

KARTOFFELN GAREN
Tipps zum richtigen Blubbern und Backen

EIN SPANNENDES THEMA

in der Küche ist immer wieder, wie man am besten testen kann, ob denn die Kartoffeln nun durch sind oder nicht. Denn auch wenn wir uns größte Mühe geben, Ihnen in diesem Kochbuch Annäherungswerte für Garzeiten zu geben, so müssen wir uns stets vor Augen halten, dass die Kochzeit stark von der Größe abhängt. Also ausprobieren! Neue, kleine Kartöffelchen dürfen Sie nach 15 Minuten mit einem kleinen, spitzen Messer anstechen. Gleitet das Messer ohne größere Probleme hinein und heraus, sind die Miniknollen gar. Bitte nie eine Gabel benutzen, sie perforiert die Kartoffel auf zu breiter Front und fördert das ungewollte Auseinanderfallen. Ab Eiergröße beginnen Sie bei 20 Minuten, wenn's dann an die Faustgröße geht, benötigen die Kartoffeln locker 25 Minuten.

TÖPFE UND TEMPERATUR

Das Wasser sollte sehr wohl kochen, aber nicht so heftig, dass ständig Wasser überschwappt. Übrigens müssen die Kartoffeln keineswegs

komplett von Wasser bedeckt sein: Der Dampf regelt das Klima im Topf. Mit jedem Grad mehr an Hitze gehen auch Inhaltsstoffe verloren, so dass das gemäßigte Dämpfen im Schnellkochtopf (also in einem komplett geschlossenen System) oder auch im Dampfgarer bei etwa 100 °C absolut willkommene Alternativen darstellen. Es gibt auch sehr gute (und sehr teure) Dampfdruckgarer, die mit ihren 120 °C richtig schnell sind, doch geringere Temperatur ist, wenn es Ihre Zeit zulässt, stets vorzuziehen. – Salzkartoffeln werden bereits geschält und klein geschnitten in Salzwasser gekocht. Sie mögen als Begleiter zu manchen Gerichten wie etwa dem Tafelspitz eine lange Tradition haben, diese Zubereitung allerdings laugt die Kartoffel am stärksten aus.

FRITTIEREN UND BACKEN

Je geringer die Temperatur, desto besser also. Das gilt für alle Zubereitungsarten mit Ausnahme des Frittierens. Hier brauchen Sie die Hitze zum Schließen der Außenflächen bei Pommes & Co. Beim Backen aber dürfen Sie die in diesem Buch angegebenen Temperaturen ruhig um 20 Prozent reduzieren. Sie verlängern damit freilich zugleich die Gardauer um bis zu 50 Prozent.

KALT AUFSETZEN

Kartoffeln setzt man am besten in kaltem Wasser auf – aus zwei Gründen: Sie werden durch allmähliches Erwärmen gleichmäßig weich, außerdem bleiben Vitamine und Nährstoffe besser erhalten. Gäbe man sie in kochendes Wasser, könnte es sein, dass sie außen bald gar und innen noch fast roh sind. Das schnelle Erhitzen würde die Kartoffeln komplett auslaugen. Die Ausnahme bilden ganz junge Kartoffeln: Ihre Zellstruktur ist so zart, dass die Temperatur sehr gut nach innen dringen kann und die Kartoffel so gleichmäßig gar wird. Daher vertragen sie kochendes Wasser von Beginn an.

ÜBER DIE SCHALE

Idealerweise garen Sie Kartoffeln mit der Schale – da stecken die meisten Inhaltsstoffe drin. Insbesondere bei jüngeren Kartoffeln, also bei solchen, deren Ernte maximal ein halbes Jahr zurückliegt, können die Schalen vieler Sorten ruhig mitgegessen werden. Vorausgesetzt, sie wurden vor dem Garen gut abgebürstet oder abgerieben.

JUNGE BLATTSALATE
mit Spinat, Kartoffeln und Gorgonzola

ES MUSS NICHT IMMER FLEISCH SEIN. VOR ALLEM ALS KRÄFTIGENDER SNACK ZWISCHENDURCH BIETET SICH DIESES REZEPT AN.

Zutaten für 4 Portionen

500 g festkochende Kartoffeln

200 g gemischte Blatt-salate

100 g junger Spinat

3 Frühlingszwiebeln

200 g Gorgonzola

Für das Dressing

½ Knoblauchzehe

20 ml Weinessig

40 ml Olivenöl

etwas Honig

Salz

Pfeffer

Zeitbedarf
• 20 Minuten +
  20 Minuten garen

So geht's

1. Die Kartoffeln in Salzwasser kochen. Sobald sie gar sind und so weit abgekühlt, dass man sie anfassen kann, schälen. In nicht zu dicke Schei-ben schneiden (7 mm) und beiseitestellen.

2. Blattsalate und Blattspinat putzen und waschen, Frühlingszwiebeln putzen, waschen und in Ringe schneiden. Alles in der Salatschleuder trocken schleudern und vermischen.

3. Für das Dressing den Knoblauch sehr fein wür-feln und zusammen mit den restlichen Zutaten in ein Schraubglas geben. Bei geschlossenem Deckel kräftig durchschütteln.

4. Die Salate-Spinat-Mischung auf Tellern als Un-terlage anrichten. Darauf die höchstens noch lauwarmen Kartoffeln legen. Gorgonzola fein würfeln und dazugeben. Das Dressing erneut kurz durchschütteln und über den Salat gießen. Sofort servieren.

Die Varianten

Kartoffeln bunt
Dieser Salat sieht beson-ders schön aus, wenn man statt einer Kartoffel-sorte verschiedenfarbige Knollen verwendet – blaue, rote und gelbe in Kombination wirken sehr ansprechend.

Geschmacklich pikanter
Wer es noch herzhafter mag, fügt dem Gorgonzola kleine Stückchen rohen Schinken hinzu. Eine be-sonders edle Lösung wäre hier die Verwendung von spanischem Serrano.

SCHON AB MÄRZ bekommen Sie im Handel Salate und Kräuter, die auch optisch was hermachen – zum Beispiel roten Blutampfer.

KARTOFFELCREMESUPPE
mit Trüffelöl und Steinpilzen

LEICHT ZU KOCHEN, EDEL IM GESCHMACK, ÜBERRASCHEND AUCH
FÜR VERWÖHNTE GÄSTE: DAMIT PUNKTEN SIE GARANTIERT.

Zutaten für 4 Portionen

1 Zwiebel

30 g Butter

1 kg mehligkochende Kartoffeln

1 Stück Knollensellerie (etwa 100 g)

1 Stange Lauch

700 ml Gemüsebrühe

200 ml Sahne

2 EL Crème fraîche

Salz, Pfeffer aus der Mühle

Olivenöl

100 g Steinpilze

Kerbelblättchen zum Garnieren

Trüffelöl

besonderes Werkzeug
• Pürierstab

Zeitbedarf
• 30 Minuten +
  20 Minuten köcheln

So geht's

1. Zwiebel schälen und würfeln. In einem großen Topf in Butter glasig andünsten, nicht braun werden lassen. Kartoffeln schälen und würfeln. Sellerie putzen, waschen und würfeln. Lauch putzen, waschen und in Ringe schneiden. Kartoffeln, Sellerie und Lauch zu den Zwiebeln geben, 2 Minuten mitdünsten. Anschließend mit der Gemüsebrühe ablöschen. Zugedeckt etwa 20 Minuten bei schwacher Hitze köcheln lassen.

2. Ist das Gemüse weich, Topf vom Herd nehmen und den Inhalt pürieren. Sahne und Crème fraîche dazugeben und verrühren. Ist die Masse zu dick, noch etwas Gemüsebrühe dazuzugießen. Mit Pfeffer und Salz abschmecken.

3. Steinpilze gut putzen und in Scheiben schneiden. Etwas Olivenöl in eine Pfanne geben, darin die Steinpilze bei schwacher Hitze anbraten.

4. Suppe in die Teller füllen, Steinpilze hineingleiten lassen und mit Kerbelblättchen dekorieren. Am besten bei Tisch jeden Teller mit einigen Tropfen Trüffelöl versehen.

Die Varianten

Wurzelwerk
Kartoffeln sollte diese Suppe immer enthalten. Beim Wurzelgemüse können Sie jedoch variieren: Verwenden Sie Möhren, Petersilienwurzeln, Pastinaken oder Ähnliches.

Exotisch
Kokosmilch stellt eine wunderbare Alternative zu Sahne und Crème fraîche dar. Wenn Sie diese verwenden, können Sie die Suppe mit frischem Koriander garnieren.

TRÜFFELÖL wird aus weißer oder schwarzer Trüffel hergestellt. Während das Aroma der schwarzen Trüffel künstlich erzeugt wird, ist das Öl der weißen Trüffel deutlich geschmackvoller. Sparsam verwenden!

17

DER RICHTIGE KÄSE SCHMILZT ABER VER-BRENNT NICHT

[a]

DAS IST *wirklich* WICHTIG

[a] DER RICHTIGE KÄSE Greyerzer, Comté, Parmesan oder Pecorino sind die einzigen Käsesorten, die hier verwendet werden sollten – sie verbrennen nicht. Lassen Sie lieber die Finger von Gouda, Emmentaler & Co.: Das Gratin wird entweder klebrig oder schwarz.

KARTOFFELGRATIN
mit Austernpilzen

HERBSTZEIT IST PILZZEIT. DA KANN MAN SICH NACH DEM SAMMELN
ABENDS RUHIG MAL MIT DIESEM WARMEN GERICHT BELOHNEN.

Zutaten für 4 Portionen

750 g vorwiegend fest-
kochende Kartoffeln

400 g Austernpilze

100 g altbackenes
Weißbrot

1 kleines Bund Blatt-
petersilie

2 – 3 Knoblauchzehen

30 ml Olivenöl

Fett für die Backform

Salz, Pfeffer aus der Mühle

200 g Greyerzer

besonderes Werkzeug
• feuerfeste Backform
  (rund Ø 23 cm,
  eckig ca. 13 x 27 cm)

Zeitbedarf
• 20 Minuten +
  45 Minuten backen

So geht's

1. Die Kartoffeln schälen und in etwa 3 mm dicke
   Scheiben schneiden. Pilze putzen und in Stücke
   schneiden. Den Backofen auf 200 °C (Umluft
   180 °C) vorheizen.

2. Das Brot in Scheiben schneiden und würfeln,
   ohne Fett in einer Pfanne leicht anrösten. Petersilie abspülen, trocknen und fein hacken. Knoblauch abziehen und ebenfalls fein hacken. Die
   gerösteten Brotwürfel nochmals zerkleinern.
   Olivenöl über Petersilie, Knoblauch und Brot-
   brösel geben, alles gut vermischen.

3. Eine Backform einfetten. Abwechselnd Kartoffelscheiben, Pilze und die Bröselmischung darin
   schichten, dabei immer wieder mit Salz und
   Pfeffer würzen. Abschließend mit geriebenem
   Greyerzer [→ a] bestreuen.

4. Im Ofen etwa 45 Minuten backen.

Die Varianten

Pilze
Statt der Austernpilze
können Sie Steinpilze,
Maronenröhrlinge, junge
Parasole, Pfifferlinge
und sogar Champignons
verwenden. Nutzen Sie
das reichhaltige Angebot
auf den Märkten zur
frühen Herbstzeit. Pilze
lassen sich hervorragend
einfrieren und nach dem
Auftauen ohne großen
Aromaverlust nutzen.

Brotsorten
Einen geschmacklich
etwas anderen Dreh
bekommt das Gratin,
wenn Sie das Weißbrot
durch altbackene Laugen-
brötchen ersetzen.

DAS IST *wirklich* WICHTIG

[a] CHILISCHOTEN VERARBEITEN Chilischoten am besten mit Einweghand-
schuhen bearbeiten, da die Schärfe sonst lange an den Fingern haftet.

KARTOFFELTOPF
mit Hackfleisch

EIN HAUCH VON ORIENT WEHT HIER MIT DEN GEWÜRZEN UM
DEN TISCH. DA WIRD MEHRMALS NACHGESCHÖPFT, WETTEN...?

Zutaten für 4 Portionen

1 altbackenes Brötchen

1 Frühlingszwiebel

1 Knoblauchzehe

1 kleine rote Chilischote

300 g Rinderhackfleisch

1 Ei

Salz, Pfeffer aus der Mühle

750 g kleine, vorwiegend
festkochende Kartoffeln

½ TL Kreuzkümmel

½ TL Koriandersamen

2 EL Öl

2 EL Zitronensaft

Fett für die Form

Für die Sauce

100 ml Weißwein

100 ml Sahne

1 EL mildes Currypulver

1 EL Kurkuma (Gelbwurz)

So geht's

1. Backofen auf 200 °C (Umluft 180 °C) vorheizen.
Brötchen in kaltem Wasser einweichen. Früh-
lingszwiebel putzen, waschen und in dünne
Ringe schneiden. Knoblauch abziehen und fein
hacken. Chilischote waschen, entkernen und
fein hacken [→ a]. Brötchen ausdrücken und mit
Gemüse, Hackfleisch und Ei zu einer glatten
Fleischmasse vermengen. Salzen und pfeffern.
Mit zwei nassen Esslöffeln Nocken abstechen.

2. Kartoffeln schälen. In Salzwasser 10 Minuten
vorkochen und abgießen. Kartoffeln mit Kreuzkümmel, Koriandersamen, Öl und Zitronensaft
gut vermischen. Zusammen mit den Nocken in
eine feuerfeste, gefettete Form geben.

3. Für die Sauce Weißwein, Sahne, Currypulver
und Kurkuma verrühren und über Kartoffeln
und Hackfleisch gießen. Die Backform mit Alufolie abdecken. Das Gericht etwa 45 Minuten im
Ofen backen.

besonderes Werkzeug
• feuerfeste Backform
  (rund Ø 23 cm,
  eckig ca. 13 x 27 cm)

Zeitbedarf
• 30 Minuten +
  45 Minuten backen

Die Varianten

Ohne Alkohol
Wer den Geschmack von
Alkohol im Essen nicht
mag, der lässt den Wein
einfach zugunsten von mehr
Sahne oder Milch weg.

Hackfleisch
Das Rinderhackfleisch
kann zur Hälfte durch
Schweinehackfleisch er-
setzt werden. Der Fleischteig wird dadurch etwas
weicher und cremiger.

Fleischteig
In den Fleischteig können
auch kleine Kapern oder
eingelegter grüner Pfeffer
gemengt werden.

GRÖSSERE GESELLSCHAFTEN können Sie mit diesem
Gericht gut verköstigen. Einfach die Zutatenmengen
erhöhen und eine größere Backform verwenden.

PELLKARTOFFELN
mit Senf-Kräuter-Quark und essbaren Blüten

EIN FEST FÜR DIE SCHLANKE LINIE: MAN KANN SICH HERRLICH
SATT ESSEN UND BEREUT HINTERHER DENNOCH NICHTS …

Zutaten für 4 Portionen

1 kg Frühkartoffeln

evtl. 1 TL Kümmel (zum Garen der Kartoffeln)

500 g Quark (20 % Fett)

50 ml Sahne

1 TL Honigsenf

Schnittlauch, Blattpetersilie, Koriandergrün, Kerbel etc. nach Belieben

Salz, schwarzer Pfeffer aus der Mühle

1 Salatkopf

20 essbare Blüten (z. B. Gänse-blümchen, Kornblumen, Primeln, Kapuzinerkresse)

Zeitbedarf
• 30 Minuten +
20 Minuten garen

So geht's

1. Die Kartoffeln in Salzwasser kochen, eventuell unter Beigabe von etwas Kümmel im Wasser.

2. In der Zwischenzeit den Quark mit der Sahne in einer Schüssel vermischen und glattrühren. Den Senf untermengen. Die Kräuter waschen, fein hacken und dazugeben. Mit Salz und frisch gemahlenem schwarzem Pfeffer abschmecken.

3. Den Salat putzen, Blätter dabei ganz belassen und trocken schleudern. Eine Anrichteschüssel mit einigen Blättern Salat auslegen. Den Senf-Kräuter-Quark darübergeben. Die essbaren Blüten waschen und trocken schütteln. Den Quark damit dekorieren.

4. Die Kartoffeln schälen und zum Quark servieren.

ESSBARE BLÜTEN können in gut sortierten Fachgeschäften in der Zeit von Juni bis Oktober erstanden werden. Man erhält sie auch per Onlineversand von Spezialanbietern wie essbare-landschaften.de. In einem regulären Kühlschrank bleiben die Blüten drei Tage frisch, in einem Gerät mit Null-Grad-Zone deutlich länger.

HONIGSENF verleiht diesem Gericht eine pikante Note. Wer hingegen die Frische des Quarks betonen möchte, lässt den Senf besser weg.

SCHMARRN
ein Kartoffelklassiker

Zutaten für 4 Portionen

1 kg festkochende Kartoffeln (vom Vortag)	**Zeitbedarf**
130 g Weizenmehl	• 20 Minuten + 20 Minuten garen (am Vortag)
3 EL Butter	
2 EL Rapsöl	
Salz, Pfeffer aus der Mühle	

So geht's

1. Kartoffeln am Vortag kochen, schälen und offen abkühlen lassen. Anschließend kühl lagern.

2. Am nächsten Tag die Kartoffeln grob in eine Schüssel reiben. Mit dem Mehl bestäuben. Sorgfältig vermischen, sodass an allen Kartoffelraspeln Mehl haftet.

3. Die Butter in einer großen beschichteten Pfanne erhitzen. Die Kartoffeln hineingeben und zugedeckt anbraten, bis sie an der Unterseite gut Farbe genommen haben. Die Masse wenden und dabei in Stücke teilen, damit der Schmarrn gleichmäßig Farbe nimmt. Nach dem Wenden das Öl hinzufügen, sodass die Temperatur beibehalten werden kann. Mehrmals das Bratgut wenden und in Stücke teilen. Abschließend salzen und pfeffern.

In Bayern isst man den Kartoffelschmarrn mit Sauerkraut und Schweinebauch – oder man fügt am Ende Sahne und verquirltes Ei hinzu und lässt diese Masse stocken.

KARTOFFELN
mit Butter und Salz

Zutaten für 4 Portionen

1 kg Frühkartoffeln
70 g Butter
Salz

Zeitbedarf
• 5 Minuten + 20 Minuten garen

So geht's

1. Die Kartoffeln in Salzwasser garen, anschließend schälen.

2. Sofort mit jeweils einem Häufchen Salz und etwas Butter auf jedem Teller servieren.

SALZVARIATIONEN Einfaches Tafelsalz passt gut zu diesem Gericht. Sie können aber auch Himalaya-Salz oder Fleur de Sel dazu reichen. Zudem gibt es aromatisiertes Meersalz, etwa mit Lavendel- oder Rosenblüten.

BUTTERVARIATIONEN Aromatisieren Sie schaumig gerührte Butter mit Tomatenmark, klein gehackten Sardellenfilets, Zitronensaft, frischen Kräutern, winzigen Olivenstücken usw. Im Kühlschrank die Butter wieder härten lassen und zu den Kartoffeln servieren.

ZITRONIGE OFENKARTOFFELN
mit Feta und Pinienkernen

Zutaten für 4 Portionen

1 kg möglichst kleine
vorwiegend festkochende
Frühkartoffeln

1 unbehandelte Zitrone

einige Zweige
Zitronenthymian

3 EL gutes Olivenöl

1 TL Kümmel

200 g griechischer
Schafskäse

1 kleine Handvoll
Pinienkerne

Salz, schwarzer Pfeffer
aus der Mühle

Zeitbedarf
• 15 Minuten +
  30 Minuten marinieren +
  40 Minuten backen

So geht's

1. Ofen auf 200 °C (Umluft 180 °C) vorheizen. Die ungeschälten Kartoffeln gut waschen, gegebenenfalls abbürsten. In eine kleine Backform geben. Von der Zitrone mit einem Zestenschneider die Schale in langen Streifen ablösen und zu den Kartoffeln geben. Anschließend die Zitrone auspressen, den Saft über die Kartoffeln gießen.

2. Von den Thymianzweigen die Hälfte der Blättchen abzupfen. Mit dem Olivenöl und dem Kümmel gut unter die Kartoffeln mischen und 30 Minuten marinieren. Anschließend 40 Minuten backen.

3. In der Zwischenzeit den Schafskäse in Würfel schneiden, mit den Pinienkernen, etwas Salz und Pfeffer vermischen. Vor den letzten 10 Minuten der Backzeit über die Kartoffeln geben. Vor dem Servieren mit den restlichen Thymianblättchen bestreuen.

Die Variante

Schön scharf
Etwas größere Kartoffeln gründlich waschen, längs halbieren und mit der Schnittfläche nach oben auf ein mit Backpapier ausgelegtes Backblech legen. Auf jede Hälfte ein Stückchen Butter geben, salzen, pfeffern und – je nach gewünschter Schärfe – mit Paprikapulver, Cayennepfeffer oder Chilipulver bestreuen. Zuletzt den Saft einer Limette über die Kartoffeln pressen und 30 Minuten bei 200 °C (Umluft 180 °C) backen.

DER SCHAFSKÄSE muss nicht unbedingt mitgebacken werden. Er kann auch kalt über die heißen Kartoffeln gestreut werden.

KARTOFFELWAFFELN
auf die süße Art

WAFFELN ESSEN ALLE GERN, GERADE AUCH DIE KLEINSTEN.
BEZIEHEN SIE IHRE KINDER BEIM RÜHREN UND BACKEN RUHIG MIT EIN.

Zutaten für 4 Portionen

200 g mehligkochende Kartoffeln (vom Vortag)

300 ml Buttermilch

½ Würfel Hefe

50 g Weizenmehl

100 g Kartoffelstärke

100 g Hartweizengrieß

2 – 3 Eier (je nach Größe)

½ TL Salz

Öl für das Waffeleisen

Ahornsirup

besonderes Werkzeug
· Waffeleisen
· Kartoffelpresse

Zeitbedarf
· 30 Minuten +
  20 Minuten vorbereiten
  (am Vortag) +
  30 Minuten ruhen

So geht's

1. Am Vortag die Kartoffeln kochen, anschließend schälen, durch die Kartoffelpresse drücken und auskühlen lassen.

2. Am nächsten Tag die Buttermilch leicht erwärmen (sie darf nicht dampfen). In eine Schüssel geben und darin die zerkrümelte Hefe auflösen.

3. Weizenmehl und Kartoffelstärke sieben und zu der Buttermilch geben. Die durchgepressten Kartoffeln, Grieß, Eier und Salz ebenfalls in die Schüssel geben, alles zu einem glatten Teig verrühren. Warm stellen und mind. 30 Minuten gehen lassen.

4. Das Waffeleisen mit einem in Öl getauchten Pinsel leicht fetten. Etwas Teig in das Eisen geben und die Waffeln schön braun backen. Mit dem gesamten Teig so verfahren.

5. Servieren und nach Belieben mit Ahornsirup garnieren

Die Variante

Pikant
Dieses Rezept verbindet bewusst pikante und süße Geschmacksnoten. Anstatt des Sirups können herzhafte Dips aus Frischkäse und Kräutern oder Speck, Lauch und Sahne gereicht werden – selbst zu einem Gulasch passen diese Waffeln.

GANZ EINFACH
für jeden Tag

WER KANN SICH SCHON TÄGLICH STUNDEN-
LANG MIT HINGABE DER ESSENSZUBEREI-
TUNG WIDMEN? DENNOCH WOLLEN WIR
EINMAL AM TAG EINE WARME MAHLZEIT ZU
UNS NEHMEN, DIE UNS GUTTUT UND DIE
UNS BEIM GENIESSEN ZUSAMMENFÜHRT.
DIESE REZEPTE PASSEN IN DEN ALLTAG.

NAHRHAFT UND GESUND
Was Kartoffeln alles können

DICKE KNOLLEN, die nicht dick machen – so knapp kann man das Können von Kartoffeln zusammenfassen. Im Grunde verhält es sich wie bei Pasta: Das Gehaltvolle kommt letzten Endes von den Saucen. Kartoffeln haben einen sehr hohen Wasseranteil (je nach Sorte zwischen 75 und 78 Prozent), Fette nur im Minimalbereich von gerade mal 0,1 Prozent, dafür aber wertvolle Mineralien und Spurenelemente wie Magnesium, Kalzium, Kalium, Phosphor, Zink und Eisen. Auch der relativ hohe Wert an Ballaststoffen, die den kompletten Verdauungsapparat beschäftigen, wirkt sich sehr positiv auf den Körper und damit auf unser Wohlbefinden aus. Neben 16 Prozent Kohlenhydraten sind es vor allem die vielen Vitamine und hochwertigen Eiweiße mit verwertbaren Aminosäuren, die die Kartoffeln zu einem modernen, gesunden, diätetischen Lebensmittel machen – was leider allzu oft verkannt wird. Bevor sich Kartoffeln als Kalorien niederschlagen können, werden sie von unserem Organismus komplett umgesetzt. Um ein Kilogramm zuzunehmen, müsste man demnach zehn Kilo Kartoffeln verdrücken, haben Ernährungswissenschafter errechnet.

Selbstverständlich gilt das für Pellkartoffeln, nicht für Chips oder Pommes, die ja mehr Fett aufweisen. Erstaunlicherweise jedoch verdoppeln sich Mineralien und Vitamine in Pommes gegenüber schonenden, fettarmen Zubereitungsarten sogar.

BEWÄHRTES HAUSMITTEL

Als Hausmittel findet die Kartoffel seit langem Anwendung. Kartoffelwickel (gekochte, heiße und dann zerdrückte Kartoffeln in einem Geschirrtuch oder Leinensäckchen) wirken schmerzlindernd bei Ohren- oder Halsschmerzen. Den Saft geriebener, ausgedrückter Kartoffeln zu trinken hilft bei Magenverstimmung. Das Inhalieren der Dämpfe eines Kartoffelschalenaufgusses hilft bei Stirnhöhlenvereiterung, und auch bei Erkältung und Bronchitis ist ein Kartoffelsäckchen auf der Brust äußerst wohltuend und genesungsfördernd.

WELLNESS-SPENDER KARTOFFEL

Die entwässernde Wirkung der Kartoffel (resultierend aus dem hohen Kaliumgehalt) strafft die Haut und sorgt ganz nebenbei für eine Entgiftung und Entschlackung. Wer also im Frühjahr ein paar Pfunde purzeln lassen möchte, ist gut beraten, eine „Kartoffelwoche" einzulegen. Mit wenig Salz gegarte und ohne Fett zubereitete Kartoffeln garantieren Ihnen eine Diät, bei der Sie sehr rasch erfreuliche Erfolge wahrnehmen können. – Mittlerweile gibt es sogar „Kartoffelsaunen": Vor dem Saunagang wird der Körper mit einer Paste aus Kartoffeln, Lavendelöl, Salzen und Thermalwasser bestrichen. In der Hitze dringen die Mineralstoffe und Vitamine der Kartoffel in die Haut ein, regen die Zellbildung an und stärken die Abwehrkräfte.

BUNTER KARTOFFELSALAT
mit Frischkäsedip

EIN KARTOFFELSALAT, MAL GANZ ANDERS IN DER ZUBEREITUNG, IN DER FARBIGKEIT
JA SOWIESO. DRESSING UND DIP AUCH UNGEWÖHNLICH – MACHT NEUGIERIG!

Zutaten für 4 Portionen

200 g Frühkartoffeln

200 g rote, festkochende
Kartoffeln (z. B. Vitelotte)

200 g schwarze, festkochende
Kartoffeln (z. B. Franceline)

2 EL gehackte Minze

2 EL gehackter Schnittlauch

Für das Dressing

1 Knoblauchzehe

2 EL Holunderessig

1 TL Honigsenf

Salz, Pfeffer aus der Mühle

1 TL Zucker

3 EL Olivenöl

Für den Dip

100 g Frischkäse

50 g Magerquark

2 EL Kümmel

Zeitbedarf

• 25 Minuten +
  15 Minuten garen

So geht's

1. Kartoffeln waschen, aber nicht schälen. In 5 mm dicke Scheiben schneiden. Zunächst die weißen, dann die roten, am Ende die schwarzen Kartoffeln in dem gleichen Salzwasser jeweils getrennt 5 Minuten kochen lassen. Nach jedem Gardurchgang die Kartoffelscheiben mit dem Schaumlöffel herausheben und abtropfen lassen, in einer Schüssel beiseitestellen.

2. Für das Dressing den Knoblauch abziehen und fein hacken. Zusammen mit dem Essig, Senf, Salz, Pfeffer, Zucker und Olivenöl in ein Schraubglas füllen. Deckel gut verschließen und kräftig durchschütteln.

3. Minze und Schnittlauch über die Kartoffeln geben, mit dem Dressing übergießen.

4. Frischkäse und Magerquark verrühren, den Kümmel untermischen und als Dip zu den Kartoffeln servieren.

IM GANZEN GEGART und anschließend geschnitten lassen sich die Kartoffeln natürlich auch zubereiten. Wenn man sie jedoch wie hier vor dem Kochen in Scheiben schneidet, verkürzt sich ihre Garzeit deutlich.

DEN FRISCHKÄSEDIP können Sie nach Geschmack variieren: mit Limettensaft wird's frischer, mit Cayennepfeffer schärfer, Kräuter verleihen wieder eine neue Note. Erlaubt ist, was Ihre Küche gerade hergibt.

WARMER KARTOFFELSALAT
mit Brunnenkresse

GUT ALS SOLIST, DOCH AUCH ALS BEGLEITER ZU GEBRATENEN WACHTELN, ÜBERHAUPT ZU GEFLÜGEL – ODER SELBST GEMACHTEN HAMBURGERN.

Zutaten für 4 Portionen

½ kg Frühkartoffeln

6 – 8 Frühlingszwiebeln

1 EL Pflanzenöl

Für das Dressing

2 TL grobkörniger Senf

2 EL guter Essig

2 EL Pflanzenöl

1 EL gehackte Schalotten

2 Handvoll Brunnenkresse

1 EL Rohrzucker

Salz, Pfeffer aus der Mühle

Zeitbedarf
• 20 Minuten +
  20 Minuten garen

So geht's

1. Die Kartoffeln in Salzwasser kochen. Sobald man sie anfassen kann, schälen und in Scheiben in eine Schüssel schneiden.

2. Frühlingszwiebeln putzen, waschen und schräg in etwa 2 cm lange Stücke schneiden. In einer Pfanne oder Sauteuse 1 EL Öl erhitzen und die Frühlingszwiebeln darin anschwitzen, bis sie etwas Farbe genommen haben. Langsam bei schwacher Hitze weiter bräunen lassen.

3. Inzwischen Senf, Essig und 2 EL Öl gut vermischen, am besten in einem Glas mit Schraubverschluss. Dieses Dressing nun über die noch warmen Kartoffeln gießen. Schalotten zu den Kartoffeln geben und vorsichtig unterheben.

4. Brunnenkresse waschen und trocken tupfen. Auf einer Anrichteplatte auslegen, darüber die Kartoffelmischung geben.

5. Über die Frühlingszwiebeln in der Pfanne noch den Rohrzucker streuen, diesen innerhalb 1 Minute unter Rühren karamellisieren lassen [→ a]. Frühlingszwiebeln mit Salz und Pfeffer abschmecken, über den Kartoffelsalat geben und servieren.

DAS ÖL-ZUCKER-GEMISCH, das von den Frühlingszwiebeln in der Pfanne zurückgeblieben ist, können Sie für den Fall, dass Sie ein andermal Hühnerbrüste zubereiten möchten, im Kühlschrank aufbewahren. Hühnerbrüste mit der Mischung bestreichen – sie bekommen dadurch einen würzigen, süßen und intensiven Geschmack.

FRÜHLINGSZWIEBELN lassen sich gut durch in Spalten geschnittene rote Zwiebeln oder durch Lauchstreifen ersetzen.

DAS IST *wirklich* WICHTIG

[a] KARAMELLISIEREN Wichtig beim Karamellisieren ist, dass der Zucker in der Pfanne nicht zu heiß wird und somit nicht anbrennt – daher an diesem Punkt die Pfanne ständig beobachten und nur mit schwacher Hitze arbeiten.

ERDNUSSBUTTER
schön cremig

Zutaten für 4 Portionen

150 g frische Erdnüsse

1 – 2 EL Erdnussöl

Salz

besonderes Werkzeug
• Mixer

Zeitbedarf
• 10 Minuten

So geht's

1. Die frischen Erdnüsse aus den Schalen knacken und von den rotbraunen Häutchen befreien.

2. Im Mixer unter Zugabe von etwas Erdnussöl pürieren, sodass eine sämige, ziemlich feste Masse entsteht, die keinesfalls zu flüssig werden darf. Nach Geschmack salzen.

In den Niederlanden eine beliebte Beigabe zu Pommes frites.

OMELETTE
mit frischem Obst

Zutaten für 4 Portionen

400 g vorwiegend fest-
kochende Kartoffeln

2 EL Öl

5 Eier

50 ml Milch

Salz, Pfeffer

Obst (nach Belieben)

250 g Joghurt

Minzeblätter

Zeitbedarf
• 20 Minuten +
25 Minuten garen
(am Vortag)

So geht's

1. Am Vortag die Kartoffeln in der Schale kochen, anschließend schälen. Etwas abkühlen lassen und in Würfel schneiden. In einer Schüssel unter Klarsichtfolie kalt stellen.

2. Am nächsten Morgen Kartoffelwürfel in einer beschichteten Pfanne mit Öl leicht anbraten.

3. Die Eier mit der Milch schaumig rühren. Über die Kartoffeln geben, salzen und pfeffern. Abgedeckt 15 Minuten stocken lassen.

4. In der Zwischenzeit Obst (z. B. Brombeeren, Himbeeren, Erdbeeren, Pfirsiche oder Melonen) waschen, trocken tupfen und in mundgerechte Stücke schneiden.

5. Die Omelette portionieren und mit den Früchten und Joghurt anrichten. Mit etwas Minze garnieren und servieren.

ERDNÜSSE AUS DER DOSE können Sie auch verwenden. Achten Sie jedoch entweder darauf, dass sie nicht zu stark gesalzen sind, oder lassen Sie später das Salz weg.

KARTOFFEL-LAUCH-SUPPE
mit Kräutergarnelen

Zutaten für 4 Portionen

1 kleine Zwiebel

2 Stangen Lauch

25 g Butter

1 l Geflügel- oder Gemüsebrühe

350 g mehligkochende Kartoffeln

300 g Garnelen (ohne Darm)

1 EL Erdnussöl

je 1 EL Koriandergrün und Thymian

1 Becher Sahne (200 ml)

Salz, Pfeffer aus der Mühle

besonderes Werkzeug
• Pürierstab

Zeitbedarf
• 30 Minuten

So geht's

1. Zwiebel häuten und klein schneiden. Lauch putzen, waschen, ebenfalls klein schneiden. Butter in einem Topf erhitzen, Zwiebel und Lauch darin glasig werden lassen.

2. Die Brühe dazugeben und aufkochen. Kartoffeln waschen, schälen und würfeln, in den Topf geben und weich kochen. Je kleiner die Kartoffeln geschnitten sind, desto schneller werden sie gar (in etwa 10–20 Minuten).

3. In der Zwischenzeit die Garnelen kalt abbrausen und trocken tupfen. Die Kräuter waschen, trocknen und fein hacken. In einer Pfanne das Öl erhitzen und die Garnelen darin anbraten. Salzen, pfeffern und die Kräuter unterheben.

4. Den Topf vom Herd ziehen, Sahne dazugeben und die Suppe pürieren. Abschmecken und in Teller füllen. Jeweils mit einigen Kräutergarnelen garnieren.

Die Varianten

Aus dem Wasser
Nahezu alles, was im Wasser zu Hause ist, kann hier als Einlage dienen: Jakobsmuscheln, Lachs- oder andere Fischfilets, Flusskrebse …

Gemüse
Es muss kein Lauch als Basis sein. Je nach Saison bieten sich auch Sellerie, Pastinaken oder Petersilienwurzeln an und bringen einen pikanten, kräftigen Geschmack in die Suppe.

GEFLÜGELBRÜHE, wie Sie sie zu dieser Suppe benötigen, haben Sie einfach parat: Nach jeder Zubereitung eines Huhns die Knochen auf Vorrat einfrieren. Bei passender Gelegenheit auftauen und eine gute Geflügelbrühe daraus kochen.

DAS IST *wirklich* WICHTIG

. . . .

[a] JAKOBSMUSCHELN BRATEN
Die Jakobsmuscheln sind empfindlich. Braten Sie sie zu lange durch, werden sie zäh und ledern. Von jeder Seite bei mittlerer Hitze gerade mal 2 Minuten sorgt für die richtige Konsistenz.

[b] VOR DEM SERVIEREN Rühren Sie die abgekühlte Suppe noch einmal so richtig kräftig durch, bevor Sie sie auf die Teller verteilen, damit alle Aromen in Wallung geraten. Es empfiehlt sich auch ein Nachwürzen zu diesem Zeitpunkt, denn die Temperatur verändert unser Geschmacksempfinden.

[b]

GEEISTE KARTOFFELSUPPE
mit Kräutern, Jakobsmuscheln und Kaviar

MIT DIESER SUPPE MACHEN SIE EINDRUCK, UND DAS BEI GUTER
VORBEREITUNG MIT VERHÄLTNISMÄSSIG DOCH RECHT WENIG AUFWAND.

Zutaten für 4 Portionen

- 2 Bund Brunnenkresse
- 500 g mehligkochende Kartoffeln
- 2 Schalotten
- 2 Stangen Lauch
- 40 g Butter
- 1 l Geflügelbrühe
- Salz, Pfeffer aus der Mühle
- 100 ml Sahne
- 4 Jakobsmuscheln
- 1 EL Butterschmalz
- 100 ml halbsteif geschlagene Sahne
- 4 TL Kaviar

besonderes Werkzeug
• Pürierstab

Zeitbedarf
• 20 Minuten +
  25 Minuten garen
  (am Vortag) +
  12 Stunden kühlen

So geht's

1. 1 Bund Kresse waschen, mit den Stielen blanchieren, in kaltem Wasser abschrecken und abtropfen lassen. Danach fein hacken.

2. Kartoffeln waschen und schälen, Schalotten schälen, Lauch waschen und putzen. Alles klein schneiden. In einem Topf die Butter zerlassen. Gemüse darin bei schwacher Hitze andünsten, ohne es Farbe nehmen zu lassen.

3. Die Geflügelbrühe angießen, Brunnenkresse dazugeben und alles 25 Minuten gar kochen lassen. Vom Herd ziehen und pürieren, anschließend salzen und pfeffern.

4. Abkühlen lassen, dann erst die Sahne unterrühren. Die Suppe über Nacht im Kühlschrank ruhen lassen.

5. Kurz vor dem Servieren die Jakobsmuscheln kalt abbrausen und trocken tupfen. In einer Pfanne das Butterschmalz zerlassen und die Jakobsmuscheln darin leicht anbraten [→ a]. Die Suppe in tiefe Teller füllen [→ b]. Blätter des zweiten Kressebundes abzupfen, kalt abbrausen und trocken tupfen. Mit Kresseblättern und Garnelen die Suppe garnieren. Die Suppe mit je einem Löffel der halbsteif geschlagenen Sahne und einem Löffel Kaviar anrichten.

Die Varianten

Suppe abkühlen
Wenn es schneller gehen soll, können Sie die Suppe auch anstatt am Vortag in den Kühlschrank für 2 Stunden in das Gefrierfach stellen.

Kaviar
Den doch recht kostspieligen Kaviar vom Stör können Sie durch Forellenkaviar ersetzen.

BUEBESPITZLE
badische Art

Zutaten für 4 Portionen

1 kg mehligkochende Kartoffeln	1 EL Butter
	einige Salbeiblätter
100 g Greyerzer oder Parmesan	
250 g Mehl	**Zeitbedarf**
2 mittelgroße Eier	• 30 Minuten + 20 Minuten Vorbereitung (am Vortag) + 20 Minuten garen
Salz, Muskat	

So geht's

1. Wenn möglich den Teig schon am Vortag zubereiten: Die Kartoffeln waschen, kochen und schälen. Anschließend durch die Kartoffelpresse drücken oder zerstampfen.

2. Käse reiben, mit Mehl, Eiern, 1 Prise Salz und Muskat zu einem glatten, homogenen Teig verkneten. In Frischhaltefolie wickeln und über Nacht im Kühlschrank ruhen lassen.

3. Aus dem Teig fingerdicke, 6 bis 7 cm lange Rollen mit spitzen Enden formen. Salzwasser zum Kochen bringen und die Teigstücke hineinlegen. Sobald sie an die Oberfläche steigen, herausheben und abtropfen lassen.

4. In einer Pfanne die Butter zerlassen. Die Buebespitzle darin leicht anbraten, ohne sie kross werden zu lassen. Salbeiblätter waschen und trocken tupfen. Nach Belieben noch etwas Käse reiben. Die Buebespitzle mit den Salbeiblättern und dem Käse garnieren und servieren.

NUDELN
aus Kartoffelteig

Zutaten für 4 Portionen

1 kg mehligkochende Kartoffeln	3 – 4 EL Butterschmalz
	100 g Zucker
200 g Mehl	Zimt (nach Belieben)
3 mittelgroße Eier	
1 TL Salz	**Zeitbedarf**
3 – 4 Äpfel	• 20 Minuten + 25 Minuten garen

So geht's

1. Die Kartoffeln waschen und kochen. Nach dem Abgießen einige Minuten stehen lassen, danach schälen und reiben oder durch eine Kartoffelpresse drücken.

2. Mehl, Eier und Salz mit den Kartoffeln in eine Schüssel geben. Mit bemehlten Händen zu einem Teig verkneten. Bei Bedarf noch etwas Mehl dazugeben – der Teig sollte nicht kleben.

3. Äpfel waschen, schälen, vom Kerngehäuse befreien und vierteln. In dünne Scheiben oder Spalten schneiden.

4. Aus dem Kartoffelteig mit der Hand fingerdicke Nudelstränge von etwa 8 cm Länge ausrollen. Ofen auf 80 °C (Umluft 60 °C) vorheizen.

5. In einer Pfanne das Butterschmalz bei mittlerer Hitze zerlassen. Portionsweise die Nudeln gemeinsam mit den Äpfeln ausbacken, dabei mit Zucker und Zimt bestreuen. Fertige Portionen im Backofen bis zum Servieren warm halten.

KARTOFFELHÄLFTEN
mit Lauchfüllung und dreierlei Käse

Zutaten für 4 Portionen

4 große festkochende Kartoffeln (1 Kartoffel pro Person)

3 Stangen Lauch

1 EL Butter

80 g Gouda

80 g Havarti

125 g Crème fraîche

125 ml Milch

4 Eier

Salz, Pfeffer aus der Mühle

Muskat

80 g Parmesan

besonderes Werkzeug
• Pürierstab

Zeitbedarf
• 15 Minuten +
  45 Minuten backen
  (zu Beginn) +
  25 Minuten backen
  (am Schluss)

So geht's

1. Kartoffeln gut waschen. Im Ofen bei 200 °C (Umluft 180 °C) 45 Minuten backen.

2. Inzwischen den Lauch putzen, waschen und grob hacken, dabei alles bis zum zarten Grün hin verarbeiten. Etwa 100 ml Wasser in einem kleinen Topf zum Kochen bringen. Butter und Lauch dazugeben, zugedeckt bei mittlerer Hitze 8 – 10 Minuten garen, bis der Lauch weich ist. Das Wasser soll dabei nicht vollständig verkochen. Lauch in ein Sieb abgießen und pürieren.

3. Kartoffeln aus dem Ofen nehmen (Ofen nicht ausschalten). Längs halbieren und aushöhlen. Das Ausgehöhlte klein hacken.

4. Gouda and Havarti reiben. Creme fraîche und Milch in einem Töpfchen erwärmen, nicht aufkochen lassen. In eine Schüssel gießen, mit Lauch, der Kartoffelmasse, den Eiern und dem geriebenen Käse gut vermischen. Mit Salz, Pfeffer und Muskat abschmecken.

5. Parmesan reiben. Die Masse in die Kartoffelhälften füllen und mit dem Käse bestreuen. Im Ofen für 25 Minuten überbacken.

Die Varianten

Käsesorten
Andere Käsesorten sorgen für viel Abwechslung im Aroma. Wer's würziger mag, wählt reifere Käsesorten, statt Gouda etwa einen Appenzeller oder einen alten Ziegengouda, statt Havarti einen Pecorino oder Manchego.

Gemüse
Den Lauch kann man mit anderen Gemüsesorten kombinieren, etwa mit Frühlingszwiebeln oder Wirsing. Auch eine pikante Variante mit Paprikaschoten ist möglich.

NUR DIE WEISSEN TEILE von Lauch oder auch von Frühlingszwiebeln verwenden. In den grünen Teilen stecken viele Bitterstoffe.

GEBACKENE KARTOFFELN
mit mariniertem Ziegenfrischkäse

FRISCH UND MILD ODER REIF UND WÜRZIG: ZIEGENKÄSEFREUNDE WERDEN SICH IN DIESE VARIANTEN VERLIEBEN. AUCH WEIL'S EINFACH GEHT.

Zutaten für 4 Portionen

1 kg kleinere, vorwiegend festkochende Kartoffeln

Olivenöl zum Bestreichen

1 EL Meersalz

4 kleine Ziegenfrischkäse

Für die Marinade

8 EL Olivenöl

1 TL Honigsenf

Chilischote (gemäß gewünschter Schärfe)

8 Oliven

2 EL Kapern

Salz, Pfeffer aus der Mühle

Thymianblättchen

Zeitbedarf
- 10 Minuten +
- 25 Minuten garen

So geht's

1. Ofen auf 180 °C (Umluft 160 °C) vorheizen. Die Kartoffeln gut abbürsten und in etwa 1 cm dicke Scheiben schneiden. Zwei Backbleche mit Backpapier auslegen und die Kartoffelscheiben darauf nebeneinander verteilen. Die Scheiben dünn mit Olivenöl bestreichen, salzen. 25 bis 30 Minuten backen.

2. Inzwischen für die Marinade das Olivenöl mit einer Gabel kräftig unter den Honigsenf mischen, bis die Sauce schön cremig wird. Die übrigen Zutaten dazugeben, gut vermischen und alles über den Ziegenfrischkäse gießen. Etwas durchziehen lassen.

3. Sind die Kartoffeln gar, abgießen und in tiefen Tellern mit dem Ziegenfrischkäse und der Marinade anrichten.

Die Variante

Ziegenkäse würziger
Wer den Geschmack von Ziegenkäse mag, findet vielleicht auch Gefallen an etwas reiferen Sorten, beispielsweise an Ziegengouda. Nach der Hälfte der Backzeit der Kartoffeln gibt man jeweils ein flaches Stück auf jede Scheibe, bestreut sie mit Pfeffer, Schwarzkümmel und Kurkuma und freut sich auf eine würzige Alternative. Schwarzkümmel (eigentlich schwarze Zwiebelsaat) erhält man bei Anbietern asiatischer Lebensmittel. Mit unserem Kümmel hat das Gewürz geschmacklich nichts zu tun.

UNGESCHÄLTE FRÜHKARTOFFELN liefern besonders viel Geschmack und Nährstoffe.

HONIGSENF verleiht der Marinade neben einer gewissen Schärfe auch süße Aromen.

DAS IST
wirklich
WICHTIG

[a] DRUCKPROBE Die Konsistenz des Teigs ist besonders wichtig. Er sollte nicht zu feucht oder gar matschig sein, daher zunächst erst nicht mehr als zwei Drittel des Wassers dazugeben und abwarten, wie sich die Zutaten verbinden. Perfekt ist die Konsistenz, wenn die Finger bei leichtem Druck auf den Teig kaum noch kleben bleiben.

[b] WENIG FLÜSSIGKEIT Die Gemüse-Kartoffel-Mischung sollte nur noch ganz wenig Flüssigkeit enthalten. So wird der Teig nicht suppig und kann ordentlich ausbacken.

[c] LOSE ZUSAMMENDRÜCKEN Der Teig benötigt eine kleine Öffnung zum Ausdampfen, damit er im Ofen nicht aufplatzt.

[a]

LAUCH-KARTOFFEL-TÖRTCHEN
mit Parmesan

DAS AUGE ISST MIT, UND DER GAUMEN MÖCHTE ÜBERRASCHT
WERDEN. WAS SICH WOHL IN DEM PÄCKCHEN VERBIRGT?

Zutaten für 4 Portionen

250 g mehligkochende
Kartoffeln

Für den Teig

250 g Mehl

50 ml Olivenöl

Salz

2 – 3 große Stangen Lauch

2 EL Olivenöl

180 g Parmesan

125 ml Milch

125 ml Sahne

Muskat

grobes Meersalz

besonderes Werkzeug
• Kartoffelstampfer

Zeitbedarf
• 60 Minuten +
  20 Minuten backen

So geht's

1. Kartoffeln in Salzwasser kochen. Inzwischen in einer Schüssel das Mehl mit Olivenöl, Salz und nach und nach Wasser zu einem elastischen Teig verkneten [→ a]. In Frischhaltefolie wickeln und 30 Minuten im Kühlschrank ruhen lassen.

2. Den Lauch putzen, waschen und in kleine Würfel schneiden. In einer Pfanne mit den 2 EL Olivenöl glasig werden lassen, zugedeckt 10 Minuten bei schwacher Hitze dünsten.

3. Kartoffeln abgießen, schälen und zerstampfen. Parmesan reiben. In einem kleineren Topf die Kartoffeln mit der Milch und der Sahne erhitzen, bis die Flüssigkeit fast verdampft ist. Dann Muskat, Lauch und Parmesan dazugeben [→ b].

4. Ofen auf 200 °C (Umluft 180 °C) vorheizen. Den Teig in vier Stücke teilen. Die Arbeitsfläche bemehlen, jedes Teigstück darauf möglichst dünn ausrollen, im Bedarfsfall Mehl dazugeben. Mit einer Schüssel Kreise von etwa 15 cm Ø ausstechen. In deren Mitte einen guten Klacks der Gemüse-Käse-Mischung geben und mit Meersalz bestreuen.

5. Die Teigränder mit Wasser befeuchten und über der Füllung lose zusammendrücken [→ c]. Die Kartoffeltörtchen auf Backpapier legen und 20 Minuten in den Ofen schieben.

Die Variante

Optische Spielereien
Die Törtchen können Sie vor dem Backen zu allen möglichen Formen gestalten. Optisch besonders ansprechend ist es auch, sie mit blanchierten Streifen aus Lauch oder Frühlingszwiebeln zu verschließen.

DAS IST *wirklich* WICHTIG

[a] **GRÜN DER AVOCADO** Die Avocado behält ihre grüne Farbe, wenn man sie entweder mit Zitronensaft beträufelt – oder aber den Kern zu dem geschnittenen Fruchtfleisch legt. Dieser verhindert die Oxidation.

[a]

KARTOFFELPUFFER
heute mal als Fingerfood

IHRE GÄSTE ESSEN IM STEHEN? DA HÄTTEN WIR EINE NETTE, VARIATIONS-
REICHE IDEE, DIE GUT VORZUBEREITEN UND UNGEWÖHNLICH IST.

Zutaten für 4 Portionen

6 Kartoffelpuffer (s. S. 82)

150 g Comté oder
Greyerzer

1 reife Avocado

evtl. Saft von 1 Zitrone

¼ Bund Koriandergrün

schwarzer Pfeffer aus der
Mühle

Zeitbedarf
• 20 Minuten

So geht's

1. Die Kartoffelpuffer nach dem Rezept auf Seite 82
   zubereiten. Um überschüssiges Fett aufzusaugen,
   die Puffer auf eine dicke Lage Küchenpapier
   legen. Auskühlen lassen und in mundgerechte
   Stücke schneiden.

2. Den Käse in dünne Scheiben schneiden, die so
   groß wie die Kartoffelpuffer-Stücke sein sollen.

3. Die Avocado längs um den Kern herum mit
   einem kleinen scharfen Messer einschneiden,
   durch leichtes Drehen in zwei Hälften teilen,
   Kern behutsam entfernen. Mit einem Löffel vorsichtig unter die Schale fahren, das Fruchtfleisch möglichst in einem Stück herausheben.
   Fruchtfleisch in Scheiben schneiden. Mit Zitronensaft beträufeln oder Kern dazulegen [→ a].

4. Die Kartoffelpuffer-Stücke mit jeweils zwei zu-
   einander versetzten Käsescheiben belegen,
   darauf zwei Avocadoscheiben setzen. Koriandergrün waschen und trocken tupfen, zwischen
   die Käsescheiben stecken. Die Kartoffelpuffer
   pfeffern und servieren.

Die Variante

Belag
Mal eine ganze Platte
mit Puffer-Fingerfood
vorbereiten? Dann neh-
men Sie alles, was Sie
sonst auf Baguette-
scheiben, Laugengebäck
oder Pumpernickel
geben: Camembert mit
einem fruchtigen, dunklen
Beerengelee. Roastbeef-
scheibchen mit Feigen-
senf. Ziegenfrischkäse
mit einem Klacks Honig.
Und, und, und …

GUTE, REIFE AVOCADOS erkennt man daran, dass das Fruchtfleisch nicht mehr steinhart ist,
sondern sich leicht eindrücken lässt und zurückfedert. Es soll aber nicht zu weich sein.

DER COMTÉ wird mit zunehmender Reife immer würziger. Nach 24 Monaten kristallisiert
er, die Salze knirschen auf der Zunge – dieses Geschmackserlebnis bieten jüngere, güns-
tigere Qualitäten nicht.

KAUFEN UND LAGERN
Qualität schmeckt am besten

BEIM EINKAUF von Kartoffeln sind (fast) alle Ihre Sinne gefragt. Zunächst das Sehen: Prall und optisch ansprechend soll eine Kartoffel sein! Sind die Knollen beschädigt – und das kann beim Ernten, Sortieren, Waschen und Verpacken durchaus vorkommen – oder haben sie auffällig grüne Stellen? Grün bedeutet bitter durch ein unbekömmliches Alkaloid, so etwas dann besser liegen lassen. Die Oberflächenstruktur sollte glatt und straff sein, ohne Runzeln und vor allem ohne Keime, die auf eine falsche und insbesondere zu lange Zwischenlagerung bei zu hoher Temperatur hinweisen. Müssen Kartoffeln unbedingt sauber verkauft werden? Jein – frisch vom Bauern geholt, darf ruhig noch etwas Erde dran sein, das gilt als Zeichen von Frische und reduzierter mechanischer Behandlung. Allerdings sollte unter dem Dreck zu Hause schöne, einwandfreie Ware zum Vorschein kommen. Ob bio oder nicht, ist mit bloßem Auge übrigens nicht erkennbar; da die meisten Sorten heute leider auf Masse getrimmt sind, spielen sorgsam und qualitativ hochwertig gezogene Kartoffeln erst im Mund ihrer Trümpfe aus.

QUALITÄT FÜHLEN UND RIECHEN

Machen Sie danach mit der Hand den Drucktest: Eine gute Kartoffel fühlt sich fest an, da ist nichts labberig oder weich. Letzteres wurde Fäulnis beschleunigen. Hier können Sie auch olfaktorisch ansetzen, denn wenn es in der Gemüseabteilung Ihres Supermarkts nach faulen Kartoffeln riecht, sollten Sie ganz besonders sorgsam ein Netz auswählen – wenn überhaupt.

EINLAGERN PROFIS ÜBERLASSEN

Früher hatte man seinen Vorrat an Lagerkartoffeln im Keller – unsere modernen Häuserkeller sind dafür in der Regel nicht mehr geeignet. Wer hat schon kühle (4 bis 6 °C), dunkle, frostsichere Räumlichkeiten dafür? Nicht zu trocken, um Schrumpeln zu verhindern, aber auch nicht zu feucht, was Schimmel anzöge? Lagern Sie dennoch ein, dann achten Sie darauf, beschädigte Exemplare auszusortieren. Neben Kartoffeln dürfen keine Obstsorten, z. B. Äpfel, im gleichen Raum lagern, denn deren Reifegas lässt die Knollen rasch altern. Der beste Ort ist immer noch ein gut durchlüfteter Kellerraum, der den Knollen im Winter ein natürliches Klima so simuliert, dass sie nicht vorzeitig auskeimen. Das Auskeimen ist in aller Regel das Hauptproblem beim Lagern zu Hause, wenn es um einen längeren Zeitraum als vier Wochen geht. Kleine, kurze, dunkle Keime sind weniger das Problem als die langstieligen weißen. Diese lassen die Kartoffeln rasch welken. Recht gut eignen sich Tontöpfe mit Deckel zum Aufbewahren kleinerer Mengen daheim, weil der Ton ein Ausgleichsklima schafft. Der beste Rat ist: Finden Sie einen guten Händler oder Bauern mit wechselndem, der Jahreszeit angepasstem Angebot und guten Lagermöglichkeiten. Dann sind Sie auch geschmacklich stets auf der Höhe.

DAS IST *wirklich* WICHTIG

[a] **GUT GEWÜRZT** Verwenden Sie gerne auch etwas mehr Schalotten oder Zwiebeln, das verleiht dem Gericht zusätzliche Würze.

[b] **LANGE ZIEHEN** Je länger der Fisch in der Saure-Sahne-Mischung durchzieht, desto intensiver wird der Geschmack.

[a]

BRATKARTOFFELN
mit Matjes

EIN GERICHT, BEI DEM DAS ERGEBNIS ENTSCHEIDEND VON DEN VERWENDETEN ZUTATEN ABHÄNGT: GUTER MATJES, GUTER ESSIG. SO EINFACH IST DAS.

Zutaten für 4 Portionen

400 g festkochende Kartoffeln (vom Vortag)

2 EL Pflanzenöl

2 Gewürzgurken

1 Schalotte

1 Becher saure Sahne (ca. 200 g)

Essig

Salz, Pfeffer aus der Mühle

4 Matjes-Filets (Doppelfilets)

Zeitbedarf
· 15 Minuten +
  30 Minuten garen
  (am Vortag)

So geht's

1. Am Vortag die Kartoffeln in Salzwasser garen, nach einer kurzen Abkühlzeit schälen.

2. Am nächsten Tag die Kartoffeln in etwa 3 mm dicke Scheiben schneiden. In einer beschichteten Pfanne das Öl erhitzen und die Kartoffelscheiben bei mittlerer Hitze anbraten.

3. Inzwischen Gewürzgurken und Schalotte fein hacken. Mit saurer Sahne, Essig, Salz und Pfeffer vermischen [→ a].

4. Die Matjesfilets mit der Saure-Sahne-Mischung übergießen, damit alles ein wenig durchziehen kann [→ b].

5. Wenn die Kartoffeln angenehm knusprig sind, kurz auf Küchenpapier abfetten lassen. Auf Tellern mit dem Matjes anrichten.

Die Varianten

Sauce leichter
Wem saure Sahne zu „mächtig" erscheint, kann sie durch Magerjoghurt ersetzen, wenngleich das Gericht so auch geschmacklich etwas leichter wird.

Sauce pikanter
Zu der Saure-Sahne-Mischung können Sie noch Zwiebelringe und Apfelscheiben geben – die machen das Gericht pikanter.

Fisch in Stücken
Auch in Stücke geschnitten kann Matjes serviert werden. In diesem Fall bietet es sich an, den Fisch in saurer Sahne eine Weile durchziehen zu lassen, gerne auch über Nacht, damit alles Geschmack voneinander annimmt.

MATJES ist ein Hering, der noch keine Geschlechtsreife zeigt – dieser Vorgang wiederholt sich bei diesem Fisch alljährlich. Demnach muss Matjes nicht unbedingt ein Jungfisch sein. Die beste Zeit zum Genuss ist Ende Mai bis August.

KARTOFFELPFANNE
mit Fischfilet

KARTOFFELN AUS DER PFANNE KENNT MAN ZWAR MEIST EHER IN KOMBINATION
MIT FLEISCH, DOCH HIER WIRD MAL EINE SCHMACKHAFTE AUSNAHME GEMACHT.

Zutaten für 4 Portionen

500 g vorwiegend fest-
kochende Kartoffeln
(vom Vortag)

600 g Fischfilet
(z. B. Seelachs)

2 – 3 EL Zitronensaft

1 rote Chilischote

1 EL Butterschmalz

2 Knoblauchzehen
(ungeschält)

3 – 4 EL Mehl

2 – 3 EL Erdnussöl

150 ml Sahne

150 ml Milch

4 TL Senf

Salz, Pfeffer aus der Mühle

Cayennepfeffer

Zeitbedarf
• 20 Minuten +
  25 Minuten garen
  (am Vortag)

So geht's

1. Am Vortag die Kartoffeln garen.

2. Am nächsten Tag die Fischfilets kalt abbrausen,
   trocken tupfen und mit Zitronensaft beträufeln.

3. Die Kartoffeln schälen und klein würfeln. Chilischote klein schneiden, dabei die Kerne entfernen. Butterschmalz in einem Topf erhitzen,
   darin Kartoffeln und Chilischoten mit dem ungeschälten Knoblauch rundherum anbraten.

4. Fischfilets in Mehl wenden. In einer Pfanne von
   beiden Seiten in heißem Erdnussöl anbraten.

5. Für die Sauce Sahne und Milch erhitzen, Senf
   unterrühren und mit Salz, Pfeffer und Cayennepfeffer abschmecken.

6. Die Kartoffelpfanne zusammen mit dem Fisch
   und der Sauce anrichten und servieren.

Die Varianten

Sauce mit Erbsen
Sie können die Sahne-
Milch-Mischung mit Erb-
sen anreichern. Direkt
zu der Sauce geben und
5 Minuten kochen lassen.

Sauce mit Alkohol
Der Sahne-Sauce ver-
leihen Sie intensivere Geschmacksnoten durch
die maßvolle Zugabe von
trockenem Vermouth, wei-
ßem Port (etwa 2 cl) oder
von Weißwein (etwa 4 cl).

DAS TAGESANGEBOT sollte entscheiden, welchen
Fisch Sie verwenden. Am besten eignen sich weiße
Filets, die gleichmäßig durchbraten.

BEIM SENF haben Sie die große Auswahl. Besonders
toll gelingt dieses Gericht mit grobkörnigen Sorten.

GUACAMOLE
exotischer Dreh

Zutaten für 4 Portionen

2 reife Avocados	**Zeitbedarf**
Saft von 1–2 Limetten	• 15 Minuten
1 EL gutes Olivenöl	
1 reife Tomate	
1 Schalotte	
1 grüne Paprikaschote	
Salz, Pfeffer aus der Mühle	
Tabascosauce	

So geht's

1. Das Fruchtfleisch aus den Avocados lösen (siehe Rezept Seite 47), in eine Schüssel geben und sofort mit Limettensaft beträufeln, damit sie sich nicht braun verfärben.

2. Olivenöl dazugeben. Pürieren oder mit einer Gabel kräftig durchschlagen.

3. Tomate mit kochendem Wasser überbrühen, Haut abziehen und in feine Würfel schneiden. Schalotte schälen und ebenfalls würfeln. Paprikaschote putzen, für die Menge von 2 EL in kleine Würfel schneiden.

4. Tomaten-, Schalotten- und Paprikawürfel zu der Avocadomasse geben, durchrühren und im Kühlschrank durchziehen lassen. Nach Belieben mit Tabascosauce abschmecken.

REMOULADE
mehr als nur Mayo

Zutaten für 4 Portionen

300 ml Mayonnaise (siehe Grundrezept Seite 62)	Salz, Pfeffer aus der Mühle
½ Bund Dill	Currypulver
½ Bund Petersilie	
1 Schalotte	**Zeitbedarf**
2 hartgekochte Eier	• 10 Minuten
4 Gewürzgurken	
1 EL feine Kapern (Surfines)	

So geht's

1. Mayonnaise zubereiten (siehe Rezept Seite 62)

2. Dill und Petersilie waschen und trocken tupfen. Schalotte schälen. Mit den Eiern, Gewürzgurken und Kapern sehr fein hacken.

3. Mit der Mayonnaise vermischen, mit Salz, Pfeffer und Currypulver abschmecken. Nach Belieben noch ein wenig Flüssigkeit aus dem Glas der Gewürzgurken dazugeben.

REMOULADE UND GUACAMOLE passen wunderbar zu selbstgemachten Kartoffelchips. Das Rezept dazu finden Sie auf Seite 56.

BLÄTTERTEIGTÄSCHCHEN
mit Stilton und Olive

Zutaten für 8 Täschchen

1 rote Zwiebel

2 EL Olivenöl

350 g kleine festkochende Frühkartoffeln

200 g zerbröselter Stilton (englischer Blauschimmelkäse)

1 EL gehackte schwarze Oliven

3 EL gehackte Macadamia-Nüsse

½ Becher saure Sahne

Salz, Pfeffer aus der Mühle

1 Handvoll Zitronenthymian (Blätter)

1 Pck. TK-Blätterteig (aufgetaut, 450 Gramm)

2 Eigelb zum Bestreichen

Zeitbedarf
- 25 Minuten +
  25 Minuten backen

So geht's

1. Zwiebel schälen, in Ringe schneiden und in einem Pfännchen in Olivenöl leicht andünsten.

2. Die Kartoffeln gut waschen oder abbürsten. Mit der Schale in dünne Scheiben hobeln oder schneiden. 5 Minuten in Salzwasser kochen und abgießen.

3. Backofen auf 200 °C (Umluft 180 °C) vorheizen. Für die Füllung Zwiebeln, Kartoffeln, Käse, Oliven, Nüsse und saure Sahne vermischen, mit Salz und Pfeffer abschmecken. Zitronenthymian waschen und trockentupfen. Die Blättchen abzupfen und unter die Mischung heben.

4. Den Blätterteig mit dem Nudelholz dünn ausrollen und in acht gleich große Quadrate teilen. In die Mitte jeder Platte einen großen Löffel Füllung setzen. Nun die Ecken jeweils zur Mitte hin falten, die Enden zusammendrücken oder -drehen.

5. Eigelbe in einer Schüssel verrühren. Die verschlossenen Täschchen damit bestreichen. Auf ein Backblech mit Backpapier setzen und 20 bis 25 Minuten im Ofen backen, bis sie goldgelb sind.

NÜSSE, BLAUSCHIMMELKÄSE UND OLIVEN sind nicht nur in kaltem Zustand eine gelungene Kombination. Zusammen gebacken, entfalten sich die jeweiligen Aromen sogar noch viel besser. Der Käse liefert das Fett als Trägerstoff, die Oliven die Würze und die Nüsse den Knack im Mund.

OPTISCH SEHR SCHÖN wirkt es, wenn Sie den Blätterteig nach dem Falten noch dekorieren, indem Sie beispielsweise mit einer Gabel Muster in den Rand hineindrücken.

KARTOFFELCHIPS

einfach selbst gemacht

DER VORTEIL SELBST GEMACHTER CHIPS: MAN WEISS GENAU, WAS DRIN IST. UND LECKER SIND SIE SOWIESO.

Zutaten für 4 Portionen

250 g festkochende Kartoffeln

4 EL Pflanzenöl

Paprikapulver

besonderes Werkzeug
• Trüffelhobel oder feiner Gemüsehobel

Zeitbedarf
• 20 Minuten + 20 Minuten backen

So geht's

1. Den Backofen auf 220 °C (Umluft 200 °C) vorheizen. Die Kartoffeln nicht schälen, aber gründlich abwaschen und abbürsten. Längs mit dem Trüffelhobel oder einem feinen Gemüsehobel in sehr dünne Scheiben schneiden.

2. Mehrere Backbleche mit Backpapier auslegen. Die Kartoffelscheiben nebeneinander darauflegen [→ a]. Nach spätestens 20 Minuten sind die Chips schön kross und knackig.

3. In eine große Schüssel geben, mit Paprikapulver bestreuen und vorsichtig durchmischen. Abkühlen lassen und servieren.

CHIPS AUF VORRAT können Sie natürlich auch herstellen. Doch am besten schmecken sie frisch zubereitet und nach einer Stunde knackig vernascht.

[a]

DAS IST *wirklich* WICHTIG

[a] DISTANZ HALTEN Damit die Chips richtig schön kross werden, dürfen sich die Kartoffelscheiben auf dem Backblech nicht berühren.

DAS IST *wirklich* WICHTIG

[a] **KARTOFFELSCHEIBEN** Je dünner die Kartoffelscheiben gehobelt werden, desto rascher sind sie später gar.

[b] **HÖHE DER TORTILLA** Die Gesamthöhe der Tortilla darf ruhig 3 cm betragen, dann bleibt sie saftig, aber doch fest.

GANZ DÜNNE SCHEIBEN FÜR DIE TORTILLA

[a]

TORTILLA
mit Paprika

SIE BRAUCHEN ETWAS GESCHMACKLICH KRÄFTIGES ALS APPETITHAPPEN, ALS PARTYSNACK ODER ZUM MITNEHMEN FÜR EIN PICKNICK? TORTILLA IST IDEAL!

Zutaten für 4 Portionen

1 kg vorwiegend fest-kochende Kartoffeln

1 große Zwiebel

1 Bund Frühlingszwiebeln

2 rote Paprikaschoten

4 EL Olivenöl

Salz

Pfeffer aus der Mühle

Paprikapulver

6 Eier

besonderes Werkzeug
• feuerfeste Backform (rund Ø 23 cm, eckig ca. 13 x 27 cm)

Zeitbedarf
• 25 Minuten + 35 Minuten backen

So geht's

1. Die Kartoffeln waschen und schälen. In kleine Würfel schneiden oder in sehr dünne Scheiben hobeln [→ a]. Zwiebel schälen und waschen, Frühlingszwiebeln putzen und waschen, beides in Ringe schneiden. Paprikaschoten putzen, waschen und in Würfel schneiden.

2. Ofen auf 200 °C (Umluft 180 °C) vorheizen. In einer großen Pfanne das Olivenöl erhitzen. Alles darin unter Rühren gut und gleichmäßig anbraten, mit Salz, Pfeffer und Paprikapulver würzen. In eine große Auflaufform geben [→ b].

3. Die Eier in einer Schüssel mit der Gabel etwas durchschlagen und zu der Kartoffelmasse gießen. Etwa 35 Minuten backen. Die Eier sollten gut gestockt und so fest sein, dass sich die Tortilla schön schneiden lässt, ohne auseinander-zufallen.

Die Varianten

Zubereitung ohne Ofen
Etwas mehr Geschick erfordert es, das Gericht komplett auf dem Herd zuzubereiten. Die Kartoffelmasse bleibt in der Pfanne, die Eier kommen dazu und stocken in der Pfanne an (aufpassen, dass nichts anbrennt!). Man lässt alles nun auf einen großen Teller glei-ten, hält die leere Pfanne darüber und dreht dann Teller und Pfanne um, damit die andere Seite der Tortilla gebraten wer-den kann. Eventuell dafür erneut Olivenöl zufügen.

IN MANCHEN SPANISCHEN REZEPTEN findet sich in der Tortilla auch noch Chorizo, eine scharfe Wurstspezialität, die dem Gericht eine kräftige Note verleiht.

OFENKARTOFFELN
mit Fleischfüllung

FÜR DIESES GERICHT BRAUCHT MAN MÖGLICHST GROSSE KARTOFFELN – UM KARTOFFELMASSE HERAUSHOLEN UND DANACH WIEDER GUT EINFÜLLEN ZU KÖNNEN.

Zutaten für 4 Portionen

4 große, festkochende Kartoffeln (1 Kartoffel pro Person)

2 Schalotten

150 g Räucherspeck

1 EL Öl

300 g Rinderhackfleisch

1 Knoblauchzehe

Salz, Pfeffer aus der Mühle

1 TL getrockneter oder 2 TL frischer Thymian

1 Ei

70 g geriebener Käse (z. B. Comté, Emmentaler, Greyerzer …)

1 Bund Blattpetersilie

100 g Schmand oder saure Sahne

Spezialwerkzeug
• Butterroller

Zeitbedarf
• 20 Minuten +
  25 Minuten garen +
  25 Minuten backen

So geht's

1. Kartoffeln waschen, aber nicht schälen. In Wasser 25 Minuten kochen, sodass sie innen noch etwas roh sind. Längs halbieren und vorsichtig aushöhlen. Das können Sie mit einem Löffel machen, besser aber noch mit einem umfunktionierten Butterroller [→ a].

2. Backofen auf 200 °C (Umluft 180 °C) vorheizen. Schalotten schälen und würfeln, den Speck ebenfalls fein würfeln. Das Öl in einer Pfanne langsam erhitzen und darin den Speck glasig werden lassen, Schalotten dazugeben und ebenfalls glasig werden lassen. Das Hackfleisch dazugeben und anbraten. Knoblauch abziehen und fein würfeln, mit Salz, Pfeffer und Thymian zu der Mischung geben. Die Kartoffelmasse hinzufügen und unter Rühren etwas mitbraten.

3. Alles in eine Schüssel umfüllen und mit Ei und Käse gründlich vermischen. Erneut abschmecken. Die Masse mit einem Löffel in die Kartoffeln füllen.

4. Ein Backblech oder eine große Backform mit Butter fetten. Die gefüllten Kartoffeln daraufleben und im vorgeheizten Ofen etwa 25 Minuten überbacken. Blattpetersilie waschen, trocken tupfen und die Blätter fein hacken. Vor dem Servieren jede Kartoffel mit 1 EL Schmand garnieren und mit Blattpetersilie bestreuen.

DIE WÜRZUNG DER HACKFLEISCHMASSE bietet viele Möglichkeiten. Versuchen Sie eine orientalische Variante mit Kreuzkümmel und Koriandersamen oder eine weihnachtliche mit Dörrobst oder Rosinen.

STATT RINDERHACKFLEISCH können Sie gemischtes Hackfleisch verwenden. Dadurch wird die Masse etwas saftiger, was dem Geschmack entgegenkommt – dafür wird die Sache aber auch gehaltvoller.

[a]

DAS IST *wirklich* WICHTIG

....

[a] KARTOFFEL AUSHÖHLEN Ein Butterroller ist bestens geeignet, um Kartoffeln oder Kürbisse auszuhöhlen. Durch die scharfen Zacken kann man genau, zügig und ohne viel Druck arbeiten. So bleibt die Schale unverletzt.

WILDE KARTOFFELN
mit Knoblauchmayonnaise

SPANISCHER KLASSIKER DER TAPAS-KÜCHE. HABEN SIE DIE HERSTELLUNG EINER MAYONNAISE EINMAL AUSPROBIERT, WERDEN SIE KEINE FERTIGE MEHR KAUFEN.

Zutaten für 4 Portionen

- 800 g vorwiegend festkochende Kartoffeln
- 1 TL Paprikapulver
- 1 TL Salz
- Pfeffer aus der Mühle

Für die Mayonnaise

- 3 Eigelb
- 200 ml Olivenöl
- 3 Knoblauchzehen

- Saft von ½ Zitrone
- Salz
- Tabascosauce

besonderes Werkzeug
- Mixgerät (Mixer, Pürierstab oder Küchenmaschine)

Zeitbedarf
- 10 Minuten +
  30 Minuten backen

So geht's

1. Ofen auf 170 °C (Umluft 150 °C) vorheizen. Die Kartoffeln in Würfel von 3 bis 4 cm schneiden. In einer Schüssel mit Paprikapulver, Salz und Pfeffer vermischen. Alles auf ein Backblech geben und etwa 30 Minuten backen, bis die Kartoffeln gar sind.

2. Inzwischen für die Mayonnaise die Eigelbe mit dem Mixer, Pürierstab oder in der Küchenmaschine gut verschlagen [→ a]. Nach und nach langsam das Olivenöl in einem dünnem Strahl dazugießen und sehr gut verquirlen, bis sich die Masse zu einer festen Mayonnaise verdichtet.

3. Knoblauch schälen, sehr fein hacken, unter die Mayonnaise rühren [→ b]. Mit Zitronensaft, Salz und Tabascosauce abschmecken.

4. Die Krusten der Kartoffeln sollten gebräunt sein, aber nicht kross. Die Knoblauchmayonnaise über die Kartoffeln gießen, sofort heiß servieren.

MAYONNAISE mit diesem Olivenölanteil ist natürlich nicht frei von Fett. Je besser aber das Öl, desto verträglicher wird es für unseren Körper.

WER DIE GARZEIT der Kartoffeln reduzieren möchte, schneidet sie anstatt in Würfel einfach in dünne Spalten.

DAS ÖL GANZ LANGSAM ZUGEBEN

DAS IST
wirklich
WICHTIG

[a] MAYONNAISE ANRÜHREN Das Öl in kleinen Portionen unter die Eigelbe zu bringen ist das Geheimnis jeder guten Mayo. Nur so verbinden sich Öl und Eigelb wie gewünscht – andernfalls entsteht eine ölige, suppige Konsistenz.

[a]

[b]

[b] KNOBLAUCH NUR HACKEN Den Knoblauch fein hacken – nicht durch die Presse geben. Der Saft, der beim Pressen austritt, sorgt zwar für reichlich Geruch, nicht aber für den gewünschten feinen Geschmack.

HIMMEL UND ERDE
himmlisch bodenständig

DIE ÄPFEL REPRÄSENTIEREN DEN HIMMEL, DIE KARTOFFELN DIE ERDE – UND WENN MAN ES GENAU NIMMT, DANN IST DIE BLUTWURST SCHWARZ WIE DIE HÖLLE ...

Zutaten für 4 Portionen

1 kg mehligkochende Kartoffeln

800 g säuerliche Äpfel

2 Zwiebeln

50 g Räucherspeck

400 g frische Blutwurst

¼ l Milch

3 EL Butter

Salz

Muskat

1 EL Zucker

besonderes Werkzeug
· Kartoffelpresse

Zeitbedarf
· 20 Minuten +
  20 Minuten garen

So geht's

1. Backofen auf 70 °C (Umluft 50 °C) vorheizen. Kartoffeln schälen, in Stücke schneiden und in Salzwasser kochen. Inzwischen die Äpfel **[→ a]** schälen, vom Kerngehäuse befreien und in Scheiben schneiden. Zwiebeln schälen und in Ringe, Speck in feine Streifen schneiden. Die frische Blutwurst enthäuten und in 1 cm dicke Scheiben schneiden.

2. Kartoffeln abgießen, durch die Kartoffelpresse drücken. Milch erhitzen, mit 1 EL Butter zu den Kartoffeln geben. Mit Salz und Muskat würzen. Im Ofen warm halten.

3. In einer Pfanne 1 EL Butter erwärmen, Zucker darin karamellisieren lassen, Apfelstücke dazugeben. Zugedeckt dämpfen.

4. Die restliche Butter in einer zweiten Pfanne erhitzen, darin den Speck braten, bis er knusprig ist. Zwiebeln dazugeben und leicht anbräunen. Speck und Zwiebeln beiseitestellen. In dem verbliebenen Fett bei mittlerer Hitze die Blutwurstscheiben braten.

5. Die gedämpften Äpfel mit dem Kartoffelbrei mischen. Auf Tellern anrichten. Speck und Zwiebeln darauflegen, mit den Blutwurstscheiben garnieren **[→ b]**.

KEINE SCHEU VOR BLUTWURST – bei Ihrem Metzger erhalten Sie diese Spezialität heute in sehr feiner Zubereitung. Der Name dieser Wurst ist viel abschreckender als ihr Geschmack. Probieren Sie's aus!

[a]

DAS IST *wirklich* WICHTIG

[a] DIE RICHTIGEN ÄPFEL Verwenden Sie säuerliche Äpfel (z. B. Boskoop), eine mehlige Sorte wird zu schnell weich. Das knackige Obst bildet geschmacklich einen guten Kontrast zu der pikanten Blutwurst.

[b] TEMPERATUREN Die „Kunst" bei diesem einfachen Gericht aus dem Rheinland liegt darin, dass Püree, Äpfel und Blutwurst in derselben Temperatur serviert werden.

IM GARTEN

Kartoffeln selbst ziehen

AUCH NOCH SO SORGSAM

beim Bauern oder beim Händler ausgesuchte Kartoffeln nach Hause zu holen – ein nochmal ganz anderes Gefühl ist es, den Weg von der Aussaat auf den Teller im eigenen Garten erleben zu können. Kartoffeln selbst anzupflanzen ist keine Riesenarbeit.

DER RICHTIGE BODEN

Kartoffeln gedeihen auf vielerlei Böden und sind im Prinzip recht anspruchslos. Am besten geeignet sind sandige, lockere Lehmböden, die einerseits durch den Lehmanteil gut Wasser speichern, andererseits durch den Sand rasch erwärmen. Die Nährstoffversorgung kann man regeln, indem man kompostierte Gartenabfälle, also etwa Grünschnitt, unterhebt; auch Haushaltskompost aus Obst- oder Gemüseresten kann verwendet werden.

ZUHAUSE VORKEIMEN LASSEN

Schon ab Januar lässt man die Saatkartoffeln etwa in Obstkisten vorkeimen. Einfach die Kartoffeln locker übereinanderlegen und an einen warmen Platz stellen. Die Früchte brechen auf Grund der Wärme ihre „Keimruhe", eine natürliche Keimhinderung, ab und fangen an auszukeimen. Nach zwei Tagen stellen Sie die Kiste zunächst ans Licht, um die Keime weiter zu locken. Dazu genügt eine Balkontür. Frost sollten die Keime jedoch keinen erleiden. Gehen die Temperaturen schon mal über 8 bis 10 °C hinaus, kommen die Kartoffeln zum Abhärten nach draußen, andernfalls warten sie ab jetzt im Keller kühl und nicht komplett abgedunkelt auf das Setzen.

KARTOFFELN SETZEN

Die Aussaat erfolgt zwischen Mitte März und Ende April, abhängig von der Witterung und davon, ob es sich um frühe, mittlere oder späte Sorten handelt. Ziehen Sie, notfalls mit einem einfachen Stock, simple Furchen im Abstand von etwa 60 cm. Legen Sie alle 30 cm eine Saatkartoffel hinein und geben Sie wieder Erde darüber. Sobald die Pflanzentriebe 20 cm aus der Erde gewachsen sind, häufeln Sie den Trieb an der Wurzel gut zu. Darunter entstehen die Kartoffeln, und die sollen kein Licht abbekommen, durch welches sie ungenießbar grün werden.

KRANKHEITEN UND SCHÄDLINGE

Krautfäule, ein Pilz, zeigt sich in braun verfärbten, sich einrollenden Blättern und kann mit Biopräparaten eingedämmt oder sogar im Vorfeld verhindert werden. Die leidigen Kartoffelkäfer sammelt man ein, wenn es wenige sind – bei größerem Befall hilft auch hier ein Biomittel. Es ist heute nicht mehr nötig, konventionelle Gifte auszubringen.

KARTOFFELN ERNTEN

Ab Ende Juni können Sie dann laufend ernten, bis in den September hinein: Bevor Sie mit einem Spaten Ihre Kartoffeln verletzen, nehmen Sie am besten Ihr Hände zum Ausgraben, da die Kartoffeln nicht sehr tief in der Erde sitzen. Es empfiehlt sich, frühe bis späte Sorten anzubauen, dann stehen stets frische, eigene Kartoffeln auf dem Tisch.

KARTOFFELTERRINE
mit Dörrobst und Käse

DAS GEHEIMNIS DIESES REZEPTS BESTEHT AUS DER VERMÄHLUNG DES „DUNKLEN" AROMAS VON DÖRROBST MIT DER CREMIGKEIT DES BLAUSCHIMMELKÄSES.

Zutaten für 4 Portionen

200 g Dörrobst (Aprikosen, Pflaumen, Sultaninen)

220 ml Gemüse- oder Geflügelbrühe

1 kg festkochende Kartoffeln

175 g magerer Bauchspeck

100 g Schalotten

100 g Blauschimmelkäse

150 g Crème fraîche

Salz, Pfeffer aus der Mühle

1 – 2 Frühlingszwiebeln

Zeitbedarf
· 40 Minuten +
  15 Minuten garen

So geht's

1. Das Dörrobst in der heißen Brühe 15 Minuten einweichen. Kartoffeln waschen, schälen und grob würfeln. Bauchspeck in Scheiben schneiden. Schalotten schälen und klein würfeln. Den Blauschimmelkäse in kleine Stücke teilen.

2. Den Speck in einer Pfanne knusprig anbraten [→ a]. Kartoffeln dazugeben. Bei mittlerer Hitze ein paar Minuten mitbraten, dabei ab und zu umrühren.

3. Die Schalotten, das Dörrobst mitsamt der Brühe und die Käsestücke zu den Kartoffeln geben. Zugedeckt 12 bis 14 Minuten bei schwacher Hitze köcheln lassen.

4. 2 bis 3 Minuten vor Ende der Kochzeit die Crème fraîche dazugeben und einrühren, mit Pfeffer und Salz abschmecken. Die Frühlingszwiebeln waschen, putzen und in feine Ringe schneiden, über das Gericht streuen und anrichten.

BEI DÖRROBST sollten Sie darauf achten, dass es sich um ungeschwefelte Ware handelt. Die Früchte stellen Sie nach Ihrem Geschmack zusammen.

MIT KÄSESORTEN WIE STILTON oder auch Gorgonzola wird das Gericht würziger. Cremiger geraten mildere Varianten, etwa solche mit Bleu d'Auvergne. Bitte sehen Sie von der Verwendung erhitzter Industrieerzeugnisse ab – sie geben nach dem Kochen kaum noch Aromen ab.

DAS IST *wirklich* WICHTIG

....

[a] SPECK ANBRATEN Um Bauchspeck anzubraten brauchen Sie kein
zusätzliches Fett – das liefert der
Speck selbst. Ob Sie die Knorpel zuvor entfernen, ist Geschmackssache.

STECKRÜBENEINTOPF
mit gepökeltem Schinkenfleisch

EIN BÄUERLICHES REZEPT, DAS LANGE ZEIT IN VORPOMMERN UND IM BADISCHEN AUF DEN TISCH KAM, BEVORZUGT ALS GÜNSTIGE, NAHRHAFTE SPEISE IM WINTER.

Zutaten für 4 Portionen

500 g gepökeltes Schweinefleisch vom Schinkenstück (ersatzweise Rippchen)

4 Zwiebeln

2 Lorbeerblätter

4 Pimentkörner

750 g Steckrüben

750 g mehligkochende Kartoffeln

2 EL Schmalz

2 EL guter Weißweinessig

1 EL Zucker

Salz, Pfeffer aus der Mühle

Petersilie oder Schnittlauch

Zeitbedarf
- 50 Minuten +
  45 Minuten garen

So geht's

1. Das Fleisch in vier dicke Scheiben schneiden. In einem Topf mit 1 l Wasser, ½ Zwiebel (mit Schale), Lorbeer und Piment kalt aufsetzen, aufkochen und 45 Minuten bei schwacher Hitze zugedeckt ziehen lassen.

2. Inzwischen die Steckrüben und Kartoffeln schälen und klein würfeln. Die restlichen Zwiebeln schälen und klein hacken. In einem mittelgroßen Topf Schmalz erhitzen, die Zwiebeln darin glasig werden lassen. Weißweinessig und Zucker dazugeben und etwas reduzieren [→ a].

3. Steckrüben dazugeben und so viel Flüssigkeit aus dem Schinkentopf angießen, dass das Gemüse bedeckt ist. 20 Minuten garen.

4. Danach die Kartoffelwürfel dazugeben. Mit Salz und Pfeffer würzen und weitere 20 Minuten köcheln lassen, bis alles noch bissfest, aber gar ist. Inzwischen die Kräuter waschen, trocken tupfen und klein hacken.

5. Jeweils ein Stück Fleisch mit etwas Suppe in einem tiefen Teller anrichten, Gemüse darübergeben und mit den gehackten Kräutern bestreuen.

STECKRÜBEN enthalten viel Traubenzucker, Vitamine und Eiweiß, jedoch einen niedrigen Kalorienanteil. Sie nehmen die Aromen mitgekochter Zutaten sehr gut auf.

BEIM KAUF VON STECKRÜBEN sollte man darauf achten, dass das Gemüse schön fest ist. Weiche Stellen sind ein Zeichen für holzige Knollen.

DAS IST *wirklich* WICHTIG

....

[a] ZUM ESSIG IMMER ZUCKER

Wo Essig, da auch Zucker: Mit dieser goldenen Regel bringt man viel Geschmack in Gerichte, ohne dass der Essig alles sauer machen würde. In diesem Fall sorgt die Kombination auch für ein leichtes Glasieren der Zwiebeln.

[a]

DAS IST *wirklich* WICHTIG

[a] PIZZA FERTIG BACKEN Schauen Sie öfter mal durch die Scheibe in den Backofen: Die Pizzen dürfen an den Rändern gut gebräunt und knusprig aussehen, der Teig sollte aber nicht hart werden.

KARTOFFELPIZZA
mit Lachs und Dill

EIN IDEALER PARTY-KNALLER. GUT VORZUBEREITEN UND SCHNELL GEBACKEN.
UND SCHLIESSLICH MAG JEDER GERNE PIZZA – HAUSGEMACHTE!

Zutaten für 4 Portionen

Für den Teig

20 g Backhefe

250 g Mehl

1 TL Salz

1 EL Olivenöl

Für den Belag

8 kleine Frühkartoffeln
(z. B. Bamberger Hörnle)

3 Knoblauchzehen

Mehl für die Arbeitsfläche

8 EL Olivenöl

grobes Meersalz

schwarzer Pfeffer aus
der Mühle

Saft von 1 Limette

1 Becher Crème fraîche
(ca. 100 g)

einige Zweige Dill

200 g Räucherlachs

Zeitbedarf

· 30 Minuten +
  45 Minuten ruhen +
  10 Minuten backen

So geht's

1. Hefe in etwa 180 ml warmem Wasser auflösen.
Das Mehl in eine Schüssel sieben, mit dem Salz
vermischen. Während das Hefewasser und 1 EL
Öl langsam angegossen werden, mit dem Knet-
haken oder mit der Hand rühren, damit sich die
Zutaten verbinden. Den Teig 5 Minuten mit den
Händen kneten.

2. Danach den Teig mit etwas Mehl bestäuben. Die
Schüssel mit einem sauberen Geschirrtuch zu-
decken. An einen warmen Ort stellen und den
Teig etwa 45 Minuten gehen lassen.

3. Backofen auf 230 °C (Umluft 250 °C) vorheizen.
Kartoffeln waschen und in ganz dünne Scheiben
schneiden oder hobeln. Knoblauch schälen und
ebenfalls dünn hobeln.

4. Zum Ausrollen des Teiges die Arbeitsfläche bemehlen. Den Teig in vier gleich große Portionen
teilen. Mit dem Nudelholz jeweils dünn ausrollen.
Backbleche mit Backpapier auslegen, die aus-
gerollten Teige daraufsetzen.

5. Kartoffel- und Knoblauchscheiben auf den Teig-
stücken verteilen, jeweils mit 2 EL Olivenöl beträufeln, salzen und pfeffern. 5 bis 10 Minuten
backen [→ a]. Limettensaft mit Crème fraîche
verrühren. Dill waschen und trocken tupfen.

6. 2 Scheiben Räucherlachs auf jede Pizza legen.
Einen Klacks Crème fraîche daraufsetzen und
jeweils mit einem Zweig Dill dekorieren.

Die Variante

Pizzabelag

Geben Sie zu den Kar-
toffel- und Knoblauch-
scheiben noch Stücke
von Cocktailtomaten und
Rosmarinnadeln. Eine
andere Variante wäre, die
Kartoffel- und Knoblauch-
scheiben mit gewürfeltem
Ziegenkäse, Mozzarella-
Streifen oder Speckwür-
feln zu kombinieren. In
beiden Fällen kommt kein
Lachs mehr auf die Pizza.

BRATHUHN
mit Rosmarinkartoffeln

ES GIBT SOLCHE TAGE, DA VERBREITET EIN HUHN IM BACKOFEN SCHON BEIM AN-
BLICK WOHLIGE WÄRME, VERHEISST ZUFRIEDENHEIT. HIER WIRD ALL DAS ERFÜLLT!

Zutaten für 4 Portionen

1 Huhn guter Qualität (ca. 1,7 kg)

Salz, Pfeffer aus der Mühle

Paprikapulver (edelsüß)

1 unbehandelte Zitrone oder Limette

1 EL Olivenöl

750 g kleine Frühkartoffeln

2 Zweige Rosmarin

1 EL sehr guter Essig mit wenig Säure

2 EL Honig

1 EL Butter

grobes Meersalz

Zeitbedarf
• 20 Minuten +
  60 Minuten garen

So geht's

1. Backofen auf 200 °C (Umluft 180 °C) vorheizen. Das Huhn innen und außen kurz kalt abbrausen und mit Küchenpapier trocken tupfen. Innen wie außen gut salzen, die Außenseite auch mit Paprikapulver und Pfeffer einreiben.

2. Die Zitrone mit der Handfläche auf der Arbeitsplatte fest hin- und herrollen, damit sich der Saft innen löst. Mit einer dicken Stricknadel oder Ähnlichem etwa 20-mal ringsum einstechen. Die Zitrusfrucht in den Bauch des Huhns geben. Die Öffnung mit zwei Zahnstochern oder Küchengarn verschließen. Huhn mit dem Öl beträufeln, auf das Blech oder in eine Backform setzen und in den Ofen schieben.

3. Die Kartoffeln gut waschen, mit der Schale in Salzwasser 15 bis 20 Minuten kochen. Die Rosmarinzweige waschen und trocken tupfen, die Nadeln abzupfen.

4. In einer kleinen Schüssel Essig und Honig gut verschlagen. In den letzten 10 Minuten der Bratzeit das Huhn 2- bis 3-mal mit dieser Mischung bepinseln.

5. Die Kartoffeln abgießen. In einer tiefen Pfanne oder im Wok Butter erhitzen. Die Kartoffeln mit dem Rosmarin kurz darin schwenken. Mit Meersalz bestreuen.

6. Huhn und Kartoffeln getrennt anrichten.

WER ES GERNE SCHARF MAG, mischt Cayennepfeffer oder Chilipulver unter das Paprikapulver.

GANZ EINFACH

[b]

[d]

[a] KARTOFFELN SCHNEIDEN Um die lange Pommes-Form zu erhalten, schneiden Sie die Kartoffeln zunächst in 5 mm dicke Scheiben und dann in ebenso dicke Streifen.

[b] 130 °C ERKENNEN 130 °C heißes Öl erkennen Sie am „Kochlöffeltest": hölzernen Kochlöffelstiel in das Öl tauchen. Bilden sich am Stiel kleine Bläschen, ist die richtige Frittiertemperatur erreicht. Das Fett ist heiß, zischt aber nicht stark.

[c] 170 °C ERKENNEN Bei dieser Temperatur hört man das Öl zischen. Man sieht, wie das Fett sich bewegt und Schlieren zieht.

[d] RICHTIGE KARTOFFELMENGE FRITTIEREN Wenn Sie zu viele Pommes auf einmal in den Topf oder die Fritteuse geben, kann das Öl die Kartoffeln nicht gut umfluten. Bei 1 kg Kartoffeln genügen aber 2 bis 3 Durchgänge.

[a]

POMMES FRITES

auf dreierlei Art

WARUM AUF TIEFKÜHLWARE ZURÜCKGREIFEN, WENN SELBST GEMACHTE POMMES
RUCKZUCK GEHEN UND SO VIEL BESSER SCHMECKEN? HIER DREI BEISPIELE.

Zutaten für 4 Portionen

1 kg festkochende
Kartoffeln

2 l Frittieröl (neutrales
Pflanzenöl)

Salz

besonderes Werkzeug
• Fritteuse oder großer Topf
zum Frittieren

Zeitbedarf
• 30 Minuten

So geht's

1. Die Kartoffeln waschen, schälen und trocknen.
Anschließend in Stifte schneiden [→ a].

2. Das Frittierfett in der Fritteuse oder in einem
Topf auf 130 °C erhitzen [→ b].

3. Kartoffelstifte portionsweise kurz in das Fett
geben, sodass sie noch keine Farbe annehmen,
also nur vorgegart werden. Mit dem Schaumlöffel herausheben, abtropfen lassen und auf
Küchenpapier legen.

4. Das Öl nun auf 170 °C erhitzen [→ c]. Die Pommes goldbraun und knusprig ausbacken [→ d].
Herausheben, abtropfen lassen und auf Küchenpapier legen. Salzen und sofort servieren.

Die Variante

Pommeswürfel
Kartoffeln in etwa 1,5 cm
breite Würfel schneiden.
Ansonsten gehen Sie
ebenso wie bei den langen
Pommes vor, nur am
Ende mit etwas Paprika-
pulver mischen. – Das
passt zu einem ordent-
lichen Rumpsteak.

Pommes Pont Neuf
Hier werden die Kartoffelstreifen richtig fingerdick
geschnitten – nach klas-
sischer belgischer Art.
Etwas länger vorfrittieren,
damit die Pommes am
Ende innen nicht zu teigig
werden. Abschließend mit
Currypulver würzen. –
Ein guter Solist zu einer
pikanten Sauce.

GANZ FEINE POMMES-STREIFEN sehen sehr hübsch
als Dekoration auf dem Teller aus. Dazu reiben Sie die
rohen Kartoffeln mit einem Julienne-Schneider.

KARTOFFELN UND ALKOHOL
einst Billigbrand, heute Edelwasser

WAS MAN NICHT ESSEN WILL, SOLL MAN WENIGSTENS TRINKEN. DIE MENSCHEN WAREN STETS EINFALLSREICH, WENN'S UMS DESTILLIEREN GING.

SCHICKES DESIGN, HÖCHSTE QUALITÄT

und runderneuertes Image: Wodka präsentiert sich heute als trendiger, moderner und vielseitig einsetzbarer Drink. Dabei handelt es sich im Grunde um nichts weiter als – Kartoffelschnaps. Einst war das ein Arme-Leute-Brand, billigst herzustellen und damit über kurz oder lang ein gesellschaftliches Problem durch den zunehmenden Alkoholismus. Das Destillat aus gemaischten Kartoffeln hat sich inzwischen zu einem vielseitig verwendbaren Grundstock in der Barwelt hochgearbeitet.

EDLES LEBENSWASSER

Die Verniedlichungsform des russischen Wortes „Woda" für Wasser, also Wässerchen, findet seine Entsprechung im nordeuropäischen Raum mit dem ebenfalls lange Zeit aus Kartoffeln gebrannten Aquavit, dem „Lebenswasser". Heute, das muss man fairerweise zugeben, werden fast alle großen Markenwodkas und -aquavite aus Getreide gebrannt, wodurch sie an Reinheit und Feinheit gewinnen. Denn Neutralität ist etwas, das an diesen Bränden ganz besonders geschätzt wird (der schwedische „Absolut" etwa wird bis zu viermal destilliert, um auch ja den letzten störenden Eigengeschmack herauszufiltern).

TRADITIONELLER KARTOFFELSCHNAPS

Wer es dann doch etwas ursprünglicher und aromatisch kräftiger mag, wird in kleineren Privatbrennereien in Nord- und Ostdeutschland fündig. Dort pflegt man noch die traditionelle Herstellung und trinkt den Kartoffelschnaps zu ländlichen Gerichten wie Grünkohl mit Pinkel, Bratkartoffeln oder Labskaus. Am besten eisgekühlt und in einem Schluck – von Schnäpsen wie diesen wird nicht genippt, sie werden getrunken!

KARTOFFELWURST
ungewöhnlich

KETCHUP
selbst gemacht

Zutaten für 5 m Wurst

500 g geräucherter Schweinebauch (Bauchspeck, Dörrfleisch)	Rosmarin
500 g Suppenfleisch vom Rind	**besonderes Werkzeug** • Fleischwolf oder Rohkostreibe • 5 m Kunst- oder Naturdärme (ersatzweise 10 Einmachgläser à 370 ml)
500 g Zwiebeln	
2 kg vorwiegend festkochende Kartoffeln	
Salz, Pfeffer	**Zeitbedarf** • 40 Minuten + 2 Stunden garen
Thymian	

So geht's

1. Vom Metzger beide Fleischsorten durch den Fleischwolf drehen lassen. Falls Sie einen solchen zu Hause haben, drehen Sie auch die Zwiebeln und die Kartoffeln (roh, geschält) durch. Ansonsten die Zwiebeln fein würfeln und die Kartoffeln fein reiben.

2. Fleisch, Kartoffeln und Zwiebeln in ein Sieb geben, um die Feuchtigkeit abtropfen zu lassen. Alles mit Salz, Pfeffer, Thymian und Rosmarin gut vermischen.

3. Entweder füllen Sie die Masse nun in die Därme (sie sind beim Metzger erhältlich) – ohne Füllgerät ist das jedoch etwas umständlich. Sie können ersatzweise auch Einmachgläser befüllen. Anschließend 2 Stunden im Wasserbad bei schwacher Hitze köcheln lassen.

Zutaten für 4 Portionen

2 Schalotten	Salz, Pfeffer aus der Mühle
1 l passierte Tomaten	Paprikapulver
2 EL dunkler Balsamico-Essig	Currypulver
1 Tube Tomatenmark	
1 – 2 EL Olivenöl	**besonderes Werkzeug** • Pürierstab
1 EL Honig	
Zucker (nach Belieben)	**Zeitbedarf** • 20 Minuten + 45 Minuten garen
je ½ TL Majoran und Oregano (getrocknet)	

So geht's

1. Schalotte schälen und fein hacken. Mit den passierten Tomaten, Essig, Tomatenmark und Olivenöl aufkochen.

2. Anschließend sorgfältig pürieren. Wer eine ganz sämige Konsistenz wünscht, kann die pürierte Masse zusätzlich durch ein Sieb streichen.

3. Alle weiteren Zutaten mit der Masse gut vermischen. Bei schwacher Hitze 45 Minuten unter Rühren ziehen lassen.

RÖSTI
aus gekochten Kartoffeln

Zutaten für 4 Portionen

1 kg vorwiegend fest-
kochende Kartoffeln
(vom Vortag)

2 EL Butterschmalz

Salz

1 EL Butter

Zeitbedarf
- 15 Minuten +
  25 Minuten garen
  (am Vortag) +
  10 Minuten garen

So geht's

1. Am Vortag die Kartoffeln waschen, mit der Schale in Salzwasser garen, anschließend langsam abkühlen lassen.

2. Am nächsten Tag die Kartoffeln schälen und auf der Rohkostreibe grob reiben.

3. In einer Pfanne das Butterschmalz erhitzen. Die Kartoffelmasse hineingleiten lassen, salzen. Mit dem Spatel oder flachen Kochlöffel zu einem Fladen zusammendrücken. Bei schwacher Hitze 6 Minuten anbraten, dabei alle 2 Minuten wenden.

4. Nun weitere 10 Minuten zugedeckt braten, die Rösti nicht mehr bewegen. Etwas Butter ringsherum am Rand verteilen, sodass sie schön abschmelzen kann. Die Butter sorgt dafür, dass die inzwischen goldgelbe Kruste noch intensiver wird.

5. Die fertige Rösti auf eine Platte stürzen und in „Tortenstücke" geschnitten servieren.

KARTOFFELREIS
mit Kreuzkümmel

Zutaten für 4 Portionen

400 g vorwiegend fest-
kochende Kartoffeln

3 TL Butter

½ TL ganze Kreuz-
kümmelsamen

200 g Langkornreis

Salz, Pfeffer aus der
Mühle

½ TL Kurkuma

400 ml leichte
Gemüsebrühe

besonderes Werkzeug
- Auflaufform
  (ca. 25 x 35 cm)

Zeitbedarf
- 15 Minuten +
  20 Minuten backen

So geht's

1. Backofen auf 180 °C (Umluft 160 °C) vorheizen. Kartoffeln waschen, schälen und würfeln. In einer großen Pfanne die Butter erhitzen, bis sie schaumig wird. Darin den Kreuzkümmel 1 Minute anrösten, sodass sich die Aromen entfalten (das Gewürz aber nicht braun werden lassen).

2. Kartoffeln dazugeben und gut mit der Butter vermischen.

3. Reis in warmem Wasser waschen und durch ein Sieb gießen, abtropfen lassen. Mit Salz, Pfeffer und Kurkuma in die Pfanne geben. 1 bis 2 Minuten unter Rühren anbraten.

4. Nun die Brühe in die Pfanne gießen, durchmischen. Alles in eine große Auflaufform umschichten und etwa 20 Minuten backen.

REIBEKUCHEN
mit Sauerkraut

Zutaten für 4 Portionen

Für das Sauerkraut

- ½ kg frisches Sauerkraut (ersatzweise eingelegte Ware)
- ⅛ l Weißwein
- Weißweinessig
- 2 Lorbeerblätter
- Pfefferkörner
- Salz

- 8 mittelgroße, festkochende Kartoffeln
- 2 Eier
- 1 Zwiebel
- 1 EL Mehl
- Salz
- Pflanzenöl für die Pfanne

Zeitbedarf
- 25 Minuten + 3 Stunden garen (am Vortag)

So geht's

1. Am besten bereits am Vortag das Sauerkraut mit allen Zutaten aufsetzen und bei schwacher Hitze einige Stunden heiß ziehen lassen. Bei Bedarf noch Wasser oder Wein dazugießen.

2. Für die Reibekuchen die geschälten Kartoffeln fein reiben. Masse gut ausdrücken, dabei die Flüssigkeit auffangen. Den Wasseranteil vorsichtig abgießen und die unten verbliebene Stärke wieder unter die Kartoffeln mischen.

3. Mit den Eiern, der gehackten Zwiebel und dem Mehl gut vermischen, salzen.

4. In einer beschichteten Pfanne etwas Pflanzenöl erhitzen. Etwa 4 Löffel der Kartoffelmasse als Klacks in die Pfanne geben, flach drücken.

5. Bei mittlerer Hitze auf beiden Seiten anbräunen. Kurz auf Küchenpapier legen. Im Ofen bei 70 °C (Umluft 50 °C) warm halten. Sauerkraut wieder erhitzen, etwas ziehen lassen. Reibekuchen mit dem Sauerkraut servieren.

REIBEKUCHEN
mit Tomatensauce

Zutaten für 4 Portionen

- 8 mittelgroße, festkochende Kartoffeln
- 2 Eier
- 1 Zwiebel
- 1 EL Mehl
- Salz
- Pflanzenöl für die Pfanne

Für die Tomatensauce

- 1 Zwiebel
- 1 EL Olivenöl
- 1 Knoblauchzehe
- 1 Dose geschälte Tomaten
- Mittelmeerkräuter (frisch oder getrocknet)
- Salz, Pfeffer

Zeitbedarf
- 35 Minuten

So geht's

1. Die Reibekuchen wie im Rezept links (Reibekuchen mit Sauerkraut) zubereiten.

2. Für die Tomatensauce Zwiebel und Knoblauch getrennt schälen und hacken. Zwiebeln in etwas Olivenöl glasig werden lassen, dann den Knoblauch dazugeben. 1 Minute rühren, anschließend die geschälten Tomaten zu den Zwiebeln geben. 15 Minuten köcheln lassen, ab und zu umrühren.

3. Die Tomatensauce mit Kräutern, Pfeffer und Salz würzen. Mit den Reibekuchen anrichten.

Wer möchte, streut geriebenen Parmesan über die Reibekuchen mit Tomatensauce.

REIBEKUCHEN
mit Apfelbrei

Zutaten für 4 Portionen

8 mittelgroße, fest-kochende Kartoffeln	**Zeitbedarf** • 20 Minuten
2 Eier	
1 EL Mehl	
Salz	
Pflanzenöl für die Pfanne	
Apfelbrei	
Zimt (nach Belieben)	

So geht's

1. Die Reibekuchen wie im Rezept auf der gegenüberliegenden Seite (Reibekuchen mit Sauerkraut) zubereiten – allerdings die Zwiebel weglassen.

2. Mit Apfelbrei servieren, eventuell noch Zimt darüberstreuen.

KARTOFFELPUFFER, REIBERDATSCHI, Kartoffelpfannkuchen oder wie es regional sonst noch heißen mag – diesen Klassiker kennt jeder aus seinen Kindertagen und sollte ihn unbedingt wieder einmal probieren.

REIBEKUCHEN
mit Beerenfrüchten

Zutaten für 4 Portionen

8 mittelgroße, fest-kochende Kartoffeln	Beeren der Saison (Himbeeren, Erdbeeren, Stachelbeeren, Johannisbeeren …)
2 Eier	1 Becher Joghurt
1 EL Mehl	
Salz	**Zeitbedarf**
Pflanzenöl für die Pfanne	• 20 Minuten

So geht's

1. Die Reibekuchen wie im Rezept auf der gegenüberliegenden Seite (Reibekuchen mit Sauerkraut) zubereiten – allerdings die Zwiebel weglassen.

2. Die ganzen Beeren mit Joghurt vermischen, nach Belieben zuckern. Die Reibekuchen mit einem Klacks der Beerenmischung servieren.

EINE „ERWACHSENE" VARIANTE dieses Desserts geht so: Die Beeren waschen, ganz lassen und in etwas Williamsbirnen-Schnaps einlegen. Durchziehen lassen und zu den Reibekuchen servieren.

GANZ FEIN

Genusserlebnisse

FREUEN SIE SICH AUCH ÜBER DIESE TAGE?
LÄNGER SCHLAFEN, IN RUHE EIN REZEPT
AUSSUCHEN, AUF DEN MARKT SCHLENDERN,
UM SICH DANN AN DIE ZUBEREITUNG EINES
AUFWÄNDIGEREN MAHLES ZU MACHEN?
DANN WERDEN IHNEN DIESE REZEPTE
FREUDE BEREITEN.

GUT BEKANNT

nicht verwandt

SIE SEHEN ÄHNLICH AUS,

haben aber bei genauer Betrachtung gar nichts mit Kartoffeln zu tun: Süßkartoffeln, Topinambur und Pastinaken schmecken zwar lecker, entstammen aber gänzlich anderen Pflanzenfamilien als das Nachtschattengewächs Kartoffel.

TOPINAMBUR

Man nennt sie auch Erdbirne, Erdapfel, Ewigkeitskartoffel oder Zuckerkartoffel. Topinambur, aus der Gattung der Sonnenblumen, ist geschmacklich eher süßlich und erinnert an Artischockenböden. Ihr Ursprung liegt in Mittelamerika. Ganz besonders schätzten die Franzosen das knackige, nussige Gemüse, welches roh und gekocht genossen werden kann. Bis ins 18. Jahrhundert, dann wurde sie von der Kartoffel aus dem Speiseplan verdrängt. Fälschlicherweise schrieb man die Knollen einem Indianerstamm namens Topi zu, obwohl diese zur Zeit der Entdeckung der Pflanze lediglich im betreffenden Gebiet zu Gast waren und sich aus der Frucht überhaupt nichts machten. Zeitweise wurden Topinamburen, wie Kartoffeln auch, wegen ihrer schönen Blütenbildung als Zierpflanzen angelegt – bis man den Geschmack der mitunter bizarr geformten Knolle schätzen lernte. Das beste Aroma entfaltet sie ungeschält, weswegen man eine Topinambur vor dem Garen stets gut waschen oder gar bürsten sollte.

PASTINAKE

Die „Hammel-" oder „Hirschmöhre" ist ein Wintergemüse, welches bei vielen Händlern inzwischen wieder zu haben ist. Verwendet wird es im Prinzip wie Möhren oder Kartoffeln, die die Pastinake als wichtiges Grundnahrungsmittel in Deutschland von den ersten Plätzen verdrängt haben. Als Vollwertgemüse ist die Pastinake in Saucen, Suppen, Eintöpfen, als Beilagen zu Fleisch, kalt als Salat oder gestampft als Püree einsetzbar und lässt sich obendrein gut einfrieren. Äußerlich sehen Pastinaken den Petersilienwurzeln zum Verwechseln ähnlich, haben aber nicht ganz deren intensives Aroma. Wichtig: Pastinaken sind eine prima Einstiegsnahrung für Babys!

SÜSSKARTOFFEL

Die „Batate" schließlich ist überall dort verbreitet, wo es warm oder gar heiß ist. In den USA gehört sie als Püree, überbacken mit Marshmallows, unbedingt zum Thanksgiving-Truthahn. In Korea macht man Nudeln aus ihr, in Afrika Brei, in Japan Süßspeisen. Und, oh Wunder – sie ist tatsächlich entfernt mit unserer Kartoffel verwandt. Am besten schmecken die rotfleischigen Sorten. Leider sind Süßkartoffeln nicht zur Vorratshaltung geeignet und verderben bald nach der Ernte. Achten Sie daher beim Kauf unbedingt darauf, dass die Knollen noch schön fest sind.

KARTOFFELSALAT
mit Muscheln und Riesengarnelen

DER BEGRIFF KARTOFFELSALAT IST VIELLEICHT IRREFÜHREND, DOCH DER GESCHMACK IST AUSSERGEWÖHNLICH. EIN POTENZIELLES LIEBLINGSREZEPT!

Zutaten für 4 Portionen

1 Zwiebel

2–3 schmackhafte Tomaten

1 rote Paprikaschote

2 Knoblauchzehen

2 EL Olivenöl

500 g kleine Frühkartoffeln

100 ml Fischfond

4 cl weißer Portwein

500 g Mies-, Venus- oder Herzmuscheln

500 g Riesengarnelen

Für das Dressing

1 Knoblauchzehe

Basilikumblätter

Koriandergrün

Saft von 1 Zitrone

60 ml Olivenöl

Salz, Pfeffer aus der Mühle

½ TL Kurkuma

Zeitbedarf
• 40 Minuten

So geht's

1. Zwiebel schälen und hacken, Tomaten und Paprikaschoten waschen, entkernen und würfeln. In einem großen Topf mit den 2 ungeschälten Knoblauchzehen in Olivenöl glasig werden lassen.

2. Die ungeschälten Kartoffeln [→ a] waschen und würfeln, mit dem Fischfond und dem weißen Port in den Topf dazugeben. Etwa 20 Minuten kochen, bis die Kartoffeln weich sind.

3. Inzwischen die Muscheln putzen [→ b], die Riesengarnelen entdarmen [→ c]. Muscheln und Garnelen ebenfalls in den Topf geben und für 3 bis 4 Minuten zugedeckt dämpfen.

4. Das Dressing vorbereiten: Knoblauch schälen, Basilikum und Koriander waschen, zusammen klein hacken [→ d]. Mit den anderen Zutaten für das Dressing am besten in einem Schraubglas gut durchschütteln.

5. Mit einem großen Schaumlöffel die Kartoffeln und Meeresfrüchte aus dem Sud heben und auf einer Platte anrichten. Das Dressing darüber verteilen.

DEN KARTOFFEL-MEERESFRÜCHTE-SUD kann man sieben und etwa zum Tunken mit frischem Bauernbrot mit auf den Tisch stellen.

TOMATEN im Winter zu finden, die das volle Aroma etwa von Sommer-Freilandtomaten mit sich bringen, ist schwer. Auch eine tiefrote Farbe ist kein Indiz mehr für gute Reife und großen Geschmack. Fragen Sie Ihren Gemüsehändler nach der jeweils besten Ware. Im Supermarkt sind im Zweifelsfall Cocktailtomaten die beste Wahl.

DAS IST *wirklich* WICHTIG

[a] KARTOFFELN MIT SCHALE
Wenn Sie Kartoffeln mit der Schale verarbeiten, bürsten Sie diese am besten vorher nass ab.

[b] MUSCHELN PUTZEN Muscheln befreit man vom „Bart", d. h. man zieht eventuell herausstehende Fäden mit einem beherzten Ruck ab. Mit einer Bürste werden dann die Schalen von groben Rückständen (etwa Kalkablagerungen) befreit.

[c] GARNELEN ENTDARMEN Kopf abdrehen, den Rücken entlang einen kleinen Schnitt setzen und dann den dünnen Darm vom Kopfansatz her vorsichtig herausziehen.

[d] KRÄUTER VERARBEITEN Die Kräuter nur wenn wirklich notwendig waschen, also wenn sie sehr verschmutzt sind – durch das Wasser gehen viele Aromastoffe verloren. Daher am besten immer unbehandelte Ware verarbeiten.

DAS IST
wirklich WICHTIG

[a] KARTOFFELN GRILLEN Die Kartoffelscheiben dürfen einander nicht überlappen, sonst verfehlt man den echten Grillrösteffekt. Daher dauert dieser Arbeitsschritt manchmal etwas länger.

[b] SPECK Der Speck schützt das zarte, empfindliche Fleisch vor zu viel direkter Hitze – und macht es durch das austretende Fett zudem sehr saftig. Den knusprigen Speck kann man nach Belieben mitessen oder weglassen.

[b]

GRILLKARTOFFELSALAT
mit Lammlachsen

KARTOFFELSALAT VÖLLIG ANDERS: DER KICK LIEGT IN DER KOMBINATION
VON GRILLAROMEN UND DER KRÄUTRIGEN VINAIGRETTE.

Zutaten für 4 Portionen

800 g festkochende
Kartoffeln (vom Vortag)

Öl für den Grillrost

2 TL Rosmarinnadeln

3 TL Thymianblättchen

3 Knoblauchzehen

4 EL Olivenöl

4 Lammlachse

1 Knoblauchzehe

gemischte Kräuter

3 EL guter Essig

6 EL Olivenöl

1 TL grobkörniger Senf

1 TL Zucker

Salz, Pfeffer

20 Scheiben Bauchspeck

besonderes Werkzeug
· Grill

Zeitaufwand
· 15 Minuten garen
  (am Vortag) + 55 Minuten

So geht's

1. Die ungeschälten Kartoffeln am Vortag in Salzwasser kochen, wobei sie innen noch etwas roh
bleiben sollen.

2. Am nächsten Tag die Kartoffeln in etwa 5 mm
dicke Scheiben schneiden. Auf eine mit Öl
eingepinselte Grillplatte (oder geölte Alu-Grill-
schale mit Abtropflöchern) nebeneinanderlegen
[→ a]. Portionsweise von beiden Seiten goldgelb
grillen. Die jeweils fertig gegrillten Kartoffeln in
einer Schüssel beiseitestellen.

3. Rosmarin und Thymian waschen und trocken
tupfen, Knoblauch schälen und fein hacken. Mit
dem Olivenöl verrühren. Lammlachse in der
Mischung marinieren.

4. Für die Vinaigrette Knoblauch schälen und fein
würfeln, Kräuter waschen, trocken tupfen und
fein hacken. Mit Essig, Öl, Senf, Zucker, Salz,
und Pfeffer gut verquirlen.

5. Lammlachse in die Bauchspeckscheiben ein-
wickeln, sodass das Fleisch völlig umschlos-
sen ist [→ b]. Speck mit Zahnstochern fixieren.
Lammlachse auf dem Grillrost beidseitig jeweils etwa 5 Minuten anbraten. Das Fleisch
sollte innen noch rosa sein.

6. Kurz vor dem Servieren die Vinaigrette über die
kalten oder lauwarmen Kartoffeln geben und
durchmischen. Erst auf dem Teller die Lammlachse nach Belieben salzen und pfeffern.

Die Variante

Ingwer-Chili-Sauce
Zu gegrilltem Fleisch wie
diesem passt eine scharfe
Ingwer-Chili-Sauce. 300 g
große rote Chilischoten,
100 g Ingwer, 5 Knob-
lauchzehen (jeweils klein
gewürfelt), 150 g Zucker,
100 ml Wasser und 100 ml
milden Essig mit Salz aufkochen und 30 Minuten
bei schwacher Hitze zie-
hen lassen.
Pürieren oder im Mixer
zerkleinern und in heiß
ausgewaschene Einmach-
gläser füllen. Die Sauce
hält sich mindestens ein
Jahr lang. Den Schärfe-
grad kann man durch
mehr oder weniger Chili-
samen beeinflussen. Beim
Schneiden empfiehlt es
sich, Einmalhandschuhe
zu tragen.

AALSUPPE
gut geräuchert

Zutaten für 4 Portionen

200 g Lauch	200 ml Weißwein
20 g Sellerie	500 g feste Kartoffeln
1 kleine Möhre	2 EL Vermouth
1 Schalotte	300 g Räucheraal
1 Knoblauchzehe	200 g Flusskrebs-schwänze
300 g Fischkarkassen	100 g Crème fraîche
2 Lorbeerblätter	
1 Gewürznelke	
etwas Butter	

Zeitbedarf
• 25 Minuten +
  1 Stunde garen

So geht's

1. Die Hälfte des Lauchs, Sellerie und Möhre putzen und waschen, Schalotte und Knoblauch schälen, alles klein würfeln. Mit den Fischkarkassen, Lorbeer, Gewürznelke, Butter und dem Wein in einen Topf geben. Etwa 1 Stunde bei schwacher Hitze köcheln lassen. Anschließend durch ein feines Sieb passieren.

2. Kartoffeln schälen und klein würfeln, den restlichen Lauch putzen, waschen und in Ringe schneiden. Beides in dem Fond weich kochen, mit Vermouth, Salz und Pfeffer abschmecken.

3. Räucheraal in mundgerechte Stücke schneiden. Den Aal und die Flusskrebse erst kurz vor dem Servieren in die Suppe geben, ohne diese nochmals aufkochen zu lassen.

4. Die Suppe in tiefe Teller füllen und jeweils mit einem Löffel Crème fraîche garnieren.

Köstlich auch mit Kokosmilch!

KARTOFFELBROT
mit Quark

Zutaten für 4 Portionen

500 g mehligkochende Kartoffeln	200 g Quark (20 % Fett)
1 Würfel frische Back-hefe	ca. 500 – 600 ml Wasser
1 – 2 TL Salz	
500 g Weizenmehl (Typ 1050)	
500 g Roggenmehl	
1 Msp. Safran	

Zeitbedarf
• 30 Minuten +
  1,5 Stunden ruhen +
  1,5 Stunden backen

So geht's

1. Kartoffeln waschen, kochen, schälen und zerstampfen.

2. Die Hefe mit dem Salz in etwas warmem Wasser auflösen. Mehlsorten sieben und in einer Schüssel vermischen, dann mit allen anderen Zutaten zu einem Teig verkneten. Dabei nach und nach etwas Wasser angießen, damit der Teig nicht klebt, sondern sich elastisch von den Fingern lösen lässt. Zugedeckt an einem warmen Ort mindestens 1 Stunde gehen lassen.

3. Aus dem Teig zwei Brote nach Belieben formen, auf Backpapier setzen und nochmals warm 30 Minuten ruhen lassen – rechtzeitig den Backofen auf 300 °C (Umluft 280 °C) vorheizen.

4. Backpapier mit den Broten auf ein Backblech umsetzen, mit etwas Wasser benetzen und in den Backofen schieben. Nach 6 bis 7 Minuten die Temperatur auf 240 °C (Umluft 220 °C) reduzieren, weitere 10 Minuten später auf 200 °C (Umluft 180° C). Nun etwa 1 Stunde backen.

CHILI-RELLENOS
gefüllt mit Ziegenkäse-Kartoffeln

Zutaten für 4 Portionen

200 g mehligkochende Kartoffeln

8 große, feste grüne Chilischoten (Anaheim oder Poblano)

200 g Ziegengouda

2 EL saure Sahne

Salz, Pfeffer aus der Mühle

Öl zum Bestreichen

Zeitbedarf
· 35 Minuten

So geht's

1. Kartoffeln waschen, in Salzwasser kochen. Ofen auf 200 °C (Umluft 180 °C) vorheizen. Die Chilischoten waschen, an der Spitze seitlich einen kleinen Schnitt setzen (so kann die heiße Luft beim Backen austreten). Auf das Blech legen und in den Ofen schieben.

2. Nach etwa 10 Minuten, wenn sich die Haut braun zu färben beginnt und Blasen wirft, Chilischoten herausnehmen (lassen Sie den Ofen für später eingeschaltet). Schoten in einen Gefrierbeutel geben, verschließen und dadurch einige Minuten dämpfen. Chilischoten längs auf einer Seite aufschneiden und die Samen herauskratzen. Anschließend die Haut der Schoten mit einem kleinen Messer abziehen.

3. Kartoffeln abgießen und schälen, mit einer Gabel zerdrücken. Den Ziegengouda zerbröckeln und unterheben, die saure Sahne dazugeben. Mit Salz und Pfeffer würzen.

4. Die Masse behutsam in die Chilischoten füllen. In eine feuerfeste Form legen, mit etwas Öl bepinseln und nochmals 10 Minuten backen.

Die Varianten

Rellenos frittiert
Anstatt sie im Ofen zu backen, können Sie die Chilischoten auch in Öl frittieren: davor kurz in Mehl wenden und durch verquirlte Eigelbe ziehen.

Tomatensauce
Oft wird eine Sauce zu den Rellenos gereicht. Diese enthält meist Tomaten als Grundsubstanz, mal mit Koriandergrün, mal mit Oregano oder anderen frischen Kräutern gewürzt. Beliebt ist auch eine grüne Salsa aus grünen Tomaten und Paprika.

DER ZIEGENGOUDA spielt in der Füllung die wichtigste Rolle. Er gibt Geschmack und Konsistenz.

„RELLENO"-STIL bedeutet im Grunde nur, dass sich geschmolzener Käse in einer Chilischote befindet. Der ganze Rest ist austauschbar.

SPINATGNOCCHI
mit Blauschimmelkäse

EIN KRÄFTIGES ESSEN, WENN'S DRAUSSEN KALT IST UND STÜRMT. DIE MENGEN-
ANGABEN HÖREN SICH NACH WENIG AN, DOCH DAS GERICHT IST SÄTTIGEND.

Zutaten für 4 Portionen

500 g meligkochende Kartoffeln

200 g frischer Spinat

1 EL Butter

½ Bund Petersilie

1 Handvoll Basilikumblätter

1 Ei, 1 Eigelb

100 g Mehl

Muskatnuss

1 TL Salz

1 Spritzer Zitronensaft

Für die Sauce

1 kleine Zwiebel

6–8 frische Salbeiblätter

150 g Blauschimmelkäse

1 TL Butter

Salz, Pfeffer aus der Mühle

besonderes Werkzeug
• Salatschleuder
• Kartoffelstampfer

Zeitbedarf
• 60 Minuten

So geht's

1. Kartoffeln schälen, in Stücke schneiden und 8 bis 12 Minuten in Salzwasser kochen.

2. Spinat verlesen, putzen und waschen. Mit der Salatschleuder trocknen, grob hacken. In einem Topf Butter erhitzen, den Spinat hineingeben und zusammenfallen lassen. Nach 2 Minuten vom Herd ziehen und etwas abkühlen lassen.

3. Kartoffeln abgießen, auf der Arbeitsplatte zerstampfen und in eine Schüssel geben. Petersilie und Basilikum waschen und trocken tupfen, fein hacken und zu den Kartoffeln geben. Ei, Mehl, 1 Prise Muskat und Salz, Spinat und Zitronensaft ebenfalls in die Schüssel geben. Alles gut vermischen.

4. Mit zwei Löffeln Nocken von dem Teig abstechen [→ a] und auf ein bemehltes Brett legen [→ b]. Für die Gnocchi Salzwasser in einem großen Topf aufsetzen.

5. Inzwischen für die Sauce die Zwiebel schälen und hacken. Salbeiblätter waschen und trocken tupfen. Den Blauschimmelkäse klein würfeln. Butter in einem Topf erhitzen und Zwiebeln darin glasig werden lassen, salzen und pfeffern. Salbei und Blauschimmelkäse dazugeben. Bei schwacher Hitze zu einer Sauce verrühren.

6. Gnocchi in das Salzwasser einlegen und bei schwacher Hitze ziehen lassen, bis sie an die Oberfläche kommen. Mit der Schaumkelle aus dem Wasser heben und abtropfen lassen. Zu der Käsesauce geben, leicht durchschwenken und servieren.

MIT FRISCHEM BLATTSPINAT gelingt das Gericht besser als mit Tiefkühlware. Das frische Gemüse macht den Gnocchiteig weniger feucht.

[b]

DAS IST *wirklich* WICHTIG

[a] GNOCCHI ABSTECHEN Ein Schäl-
chen Wasser bereithalten und die
Löffel immer wieder darin eintau-
chen. Mit einem Löffel etwas Teig
aus der Schüssel nehmen und
abwechselnd in einer Drehbewegung
von einem Löffel in den anderen
geben. Nach 2 bis 3 Wechseln haben
Sie die richtige Form.

[b] GNOCCHI LAGERN Bemehlen Sie
das Brett wirklich gut, dann kleben
die Gnocchi nicht an und gleiten leicht
ins Kochwasser.

[a + b]

DAS IST *wirklich* WICHTIG

[a] HAUT VOM HUHN LÖSEN Gehen Sie mit Bedacht vor. Die Finger horizontal unter die Haut schieben, ohne sie vom Fleisch weg nach oben zu dehnen.

[b] LIMETTEN UNTER DER HAUT verleihen der Poularde eine unglaubliche Frische, das Fleisch wird saftig und zart.

MAISPOULARDE
mediterrane Art

EIN HUHN IM SOMMERGEWAND: ZU GENIESSEN AM BESTEN AUF DER TERRASSE ODER IM GARTEN, DAZU KNUSPRIGES WEISSBROT UND EIN FRISCHER ROSÉ.

Zutaten für 4 Portionen

1 Maispoularde (1,7 kg)

Salz, Pfeffer aus der Mühle

2 Limetten

2 EL Olivenöl

400 g sehr kleine Frühkartoffeln

1 Glas Weißwein

1 gelbe Paprikaschote

2 Handvoll Kalamata-Oliven mit Kern

6 ungeschälte Knoblauchzehen

250 g Cocktailtomaten

2 Zweige Rosmarin

besonderes Werkzeug
• Backform mit hohem Rand

Zeitbedarf
• 20 Minuten +
  1 Stunde garen

So geht's

1. Backofen auf 200 °C (Umluft 180 °C) vorheizen. Die Poularde innen und außen waschen und trocken tupfen, anschließend innen und außen gut salzen und pfeffern.

2. 1 Limette in dünne Scheiben schneiden. Die Haut von Brust und Keulen etwas vom Fleisch lösen [→ a], jeweils eine Limettenscheibe in den entstandenen Zwischenraum schieben [→ b]. Die andere Limette teilen, eine Hälfte nochmals spalten und in den Bauch der Poularde stecken.

3. Den Bauch mit Zahnstochern oder Küchengarn verschließen, das Huhn in die Backform setzen. Den Saft der verbliebenen Limetten-Hälfte auspressen, mit Olivenöl vermischen, das Huhn damit bepinseln. In den Ofen schieben.

4. Kartoffeln gut waschen, nicht schälen. 20 Minuten nachdem das Huhn in den Ofen geschoben worden ist, die Kartoffeln dazugeben und etwas Weißwein angießen. Paprikaschote waschen, putzen und grob würfeln. Nach weiteren 10 Minuten Backzeit zu dem Huhn die Paprikawürfel, Oliven, Knoblauch, und die Tomaten geben, den restlichen Wein dazugießen. Rosmarinzweige waschen und trocken tupfen, auf das Gemüse legen.

5. Nach etwas mehr als 1 Stunde ist die Poularde fertig. Die Schenkel lassen sich dann locker an die Brust drücken, wobei heller Saft austritt.

KARTOFFELGRATIN

mit grünen Chilis

ALS „PAPAS CON CHILES" EINE BELIEBTE BEILAGE IM SÜDWESTEN
DER USA – GEGESSEN WIRD SIE ZU GRILLFLEISCH ODER AUCH STEAKS.

Zutaten für 4 Portionen

2 EL Butter

700 g vorwiegend festkochende Kartoffeln

250 ml Geflügelbrühe

2 ungeschälte Knoblauchzehen

Pfeffer aus der Mühle

¼ TL Kreuzkümmel

evtl. Salz

3 grüne Chilischoten

100 g Hartkäse (z. B. Parmesan oder Comté)

besonderes Werkzeug
• Auflaufform (rund Ø 23 cm, eckig 13 x 27 cm)

Zeitbedarf
• 20 Minuten +
  45 Minuten backen

So geht's

1. Den Backofen auf 220 °C (Umluft 200 °C) vorheizen. Mit der Hälfte der Butter eine flache Auflaufform fetten. Die Kartoffeln schälen und in 2 mm dünne Scheiben schneiden oder hobeln.

2. Die Geflügelbrühe mit den Knoblauchzehen, Pfeffer und Kreuzkümmel aufkochen. Eventuell mit Salz abschmecken (oft ist jedoch die Brühe selbst schon salzig genug).

3. Die Hälfte der Kartoffeln in der Auflaufform auslegen. Chilischoten waschen, putzen und klein schneiden, Käse reiben. Die Hälfte von den Chilischoten und dem Käse über die Kartoffeln in der Form streuen. Diesen Vorgang wiederholen.

4. Die Knoblauchzehen aus der Brühe fischen und die Brühe über die Kartoffelmischung gießen [→ a]. Die restliche Butter in Flöckchen aufsetzen.

5. Etwa 45 Minuten backen. Das Gratin ist fertig, wenn sich eine schöne braune Kruste gebildet hat.

UNGESCHÄLTER KNOBLAUCH gibt ein stärkeres Aroma frei als geschälter. Achten Sie beim Kauf von Knoblauch unbedingt darauf, dass die Zehen wirklich prall und fest sind.

DAS IST *wirklich* WICHTIG

....

[a] GEFLÜGELBRÜHE ANGIESSEN
Die Geflügelbrühe soll nicht mehr als 1 cm über dem Gratin in der Auflaufform stehen. So behält das Gericht den richtigen Biss und sieht optisch ansprechend aus.

[a]

DAS IST *wirklich* WICHTIG

[a] RÖSTISTREIFEN Die Streifen sollen wirklich fein und lang sein. So bilden sie in der Pfanne keine plumpe Einheit.

[b]

[b] RÖSTI ANBRATEN Geben Sie lieber eine Rösti weniger in die Pfanne, anstatt diese zu überladen. Es sollte stets gerade so viel Öl in der Pfanne sein, dass die Rösti nicht trocken liegen, sondern in dem Fett tatsächlich brutzeln können. Drücken Sie sie mit einem Spatel zusammen.

[a]

SCHWEIZER RÖSTI
mit Putengeschnetzeltem

SELBST GEMACHTE RÖSTI ERFORDERN WESENTLICH WENIGER
GESCHICK, ALS VIELE ANNEHMEN. DER TRICK LIEGT IN DEN STREIFEN ...

Zutaten für 4 Portionen

600 g Putenfleisch

1 Zwiebel

1 gelbe Paprikaschote

200 g Champignons

750 g festkochende Kartoffeln

Salz

3 – 4 EL Öl oder Butterschmalz

40 g Butterschmalz

1 EL Mehl

¼ l Geflügelbrühe

150 g Sahne

⅛ l Weißwein

Salz, Pfeffer aus der Mühle

¼ TL mildes Currypulver

1 Spritzer Zitronensaft

besonderes Werkzeug

• Röstiraspel oder Julienne-Schneider

Zeitbedarf

• 60 Minuten

So geht's

1. Das Fleisch in mundgerechte Streifen schneiden. Zwiebel schälen und würfeln, Paprikaschote waschen, putzen und würfeln, Champignons säubern und in feine Streifen schneiden.

2. Ofen auf Warmhalte-Stufe, also etwa 85 °C (Umluft 65 °C), vorheizen. Die Kartoffeln mit der Röstiraspel oder dem Julienne-Schneider in feine Späne hobeln [→ a]. Die Streifen leicht salzen, vorsichtig mit Küchentuch trocken tupfen.

3. Öl oder Butterschmalz in einer beschichteten Pfanne erhitzen. Kartoffelstreifen in Portionen bei mittlerer Hitze anbraten, sodass flache, runde Rösti entstehen [→ b]. Ist die Unterseite schön kross, die Rösti wenden und abgedeckt fertig backen. Im Ofen warm halten.

4. In einem Topf das Butterschmalz erhitzen. Zunächst nach und nach das Fleisch anbraten, dann die Paprikawürfel, Zwiebeln und Champignons dazugeben. Mit dem Mehl bestäuben.

5. Brühe, Sahne und Wein zu dem Fleisch gießen, 10 Minuten bei schwacher bis mittlerer Hitze köcheln lassen. Vor dem Anrichten mit Salz, Pfeffer, Currypulver und einem Schuss Zitronensaft abschmecken. Mit den Rösti servieren.

Die Variante

Zürcher Geschnetzeltes
Lässt man die Paprika und das Currypulver weg und ersetzt die Pute durch Kalbfleisch, ist man mit diesem Rezept sehr nahe dran an Zürcher Geschnetzeltem.

101

FISH'N'CHIPS
im Original

WIE MAN WEISS, KOMMEN FISH'N'CHIPS AUS DEM TRADITIONELLEN ENGLAND, DOCH SELBST DORT GIBT ES VARIANTEN. HIER DAS VON VIELEN BEVORZUGTE ORIGINAL.

Zutaten für 4 Portionen

4 Filets von Kabeljau, Scholle, Schellfisch oder Seelachs

1 Zweig Blattpetersilie

120 g Mehl

1 TL Salz

400 g vorwiegend festkochende Kartoffeln

1 Ei

250 ml dunkles Ale oder Guinness

Öl zum Frittieren

Salz

Malzessig

Zeitbedarf
• 30 Minuten

So geht's

1. Den Fisch in etwa 3 cm breite Stücke schneiden und beiseitestellen. Die Petersilie waschen, trocken tupfen und fein hacken, mit dem Mehl und dem Salz in einer Schüssel vermischen.

2. Für die Chips die Kartoffeln schälen, waschen und in recht dicke, lange Streifen [→ a] schneiden. In eine Schüssel mit Wasser legen, um die enthaltene Stärke zu entziehen.

3. In einer anderen Schüssel das Ei verquirlen. Unter Rühren mit dem Schneebesen das Bier langsam angießen, sodass eine schaumige Mischung entsteht [→ b].

4. Den Fisch nun in der Mehl-Petersilie-Mischung wenden, dann durch das Ei-Bier-Gemisch ziehen.

5. In einem Topf das Öl für die Chips erhitzen. Die Kartoffelstreifen trocken tupfen und frittieren. Herausheben und auf Küchenpapier legen.

6. In einer tiefen Pfanne reichlich Öl erhitzen und die Fischstücke darin goldgelb backen.

7. Den Fisch und die Chips anrichten. Jeder Gast kann sich selbst Salz und Malzessig nach Belieben über das Gericht geben.

FISH'N'CHIPS gehörten lange Zeit zu den wichtigsten Nährstoffeversorgern der armen Landbevölkerung und auch der englischen Truppen im Zweiten Weltkrieg. 1935 verkaufte ein findiger Unternehmer das Essen von seinem Motorrad aus an hungrige Kunden – der erste Fast-Food-Service war erfunden.

WEISSE FISCHFILETS, selbstverständlich ohne Gräten, eignen sich am besten für dieses Gericht. Sie nehmen die Hitze gut an und sind entsprechend rasch durch.

[a]

DAS IST
wirklich
WICHTIG

[a] KARTOFFELN SCHNEIDEN Die Streifen sollen aussehen wie dickere Pommes. Sie werden aber nicht so knusprig wie diese, sondern etwas weicher.

[b] BIER UND EI VERSCHLAGEN Geben Sie das Bier nach und nach zu dem Ei, nicht in einem Schwall. Beides langsam verschlagen (nicht rühren), damit viel Luft in die Masse kommen kann.

[b]

KÜRBISCURRY
mit Kartoffeln

Zutaten für 4 Portionen

600 g Hokkaido-Kürbis	2 Gewürznelken
600 g festkochende Kartoffeln	2 Lorbeerblätter
100 g Zwiebeln	1 TL scharfes Curry-pulver
40 g Ingwer	¼ TL Kreuzkümmel
3 Knoblauchzehen	½ – 1 l Hühnerbrühe
1 rote Chilischote	Saft von 2 Limetten
1 TL Koriandersamen	
1 TL gelbe Senfsamen	**Zeitbedarf**
2 EL Sesamöl	• 20 Minuten + 30 Minuten garen

So geht's

1. Kürbis putzen und entkernen, Kartoffeln schälen, beides in mundgerechte Stücke schneiden. Zwiebeln, Ingwer und Knoblauch schälen, Chilischote waschen und putzen, alles fein würfeln.

2. In einem Topf Koriander- und Senfsamen ohne Öl leicht anrösten, ohne sie Farbe nehmen zu lassen. Öl dazugeben, dann Zwiebeln, Ingwer, Knoblauch und Chili 1 bis 2 Minuten glasig werden lassen. Danach die Kartoffeln, nach 10 Minuten Kürbis, Nelken und Lorbeer dazugeben.

3. Mit Currypulver und Kreuzkümmel abschmecken, kurz ziehen lassen und mit etwas Brühe ablöschen. Salzen und pfeffern.

4. 20 Minuten bei mittlerer Hitze köcheln lassen, bis Kürbis und Kartoffeln weich sind. Eventuell noch etwas Brühe angießen, sodass eine sämige Konsistenz entsteht. Mit den Gewürzen nochmals abschmecken, vor dem Servieren mit Limettensaft beträufeln.

RISOTTO
mal aus Kartoffeln

Zutaten für 4 Portionen

300 g Garnelen	80 g Parmesan
400 g festkochende Kartoffeln	Koriandergrün
1 Schalotte	Salz, Pfeffer aus der Mühle
30 g Butter	
100 ml Weißwein	**Zeitbedarf**
1 Knoblauchzehe	• 15 Minuten + 25 Minuten garen
3 Stängel Zitronengras	
400 ml Geflügelbrühe	
1 Schuss Fischsauce	

So geht's

1. Garnelen putzen, abbrausen, trocken tupfen. Kartoffeln und Schalotte schälen und würfeln.

2. In einem breiten Topf die Butter erhitzen, Schalotten darin glasig werden lassen. Kartoffeln dazugeben und 1 Minute mitdünsten, dann mit dem Wein ablöschen und einkochen lassen.

3. Knoblauch schälen, fein hacken, Zitronengras putzen, in 2 cm lange Stücke schneiden. Geflügelbrühe erhitzen. Eine Kelle der Brühe, Knoblauch und Zitronengras bei schwacher Hitze zu den Kartoffeln geben. Ständig rühren, damit die Kartoffeln die Flüssigkeit aufnehmen können. Immer wieder Brühe angießen.

4. 2 bis 3 Minuten, bevor die Kartoffeln durch sind, Garnelen und Fischsauce dazugeben.

5. Parmesan reiben, Koriander waschen, trocken tupfen und grob hacken. Das Gericht mit Salz und Pfeffer abschmecken, den Parmesan unterheben und mit Koriander bestreuen.

KARTOFFELPÜREE
mit Petersilienwurzeln und Trüffeln

Zutaten für 4 Portionen

400 g mehligkochende
Kartoffeln

250 g Petersilienwurzeln

1 Stück Knollensellerie
(250 g)

30 g Butter

evtl. bis zu ¼ l heiße Milch

Salz

Muskatnuss

Trüffeln (nach Belieben)

besonderes Werkzeug
• Schnellkochtopf (ersatzweise normaler Kochtopf)

Zeitbedarf
• 10 Minuten +
  15 Minuten garen

So geht's

1. Kartoffeln, Petersilienwurzeln und Knollensel-
   lerie waschen, schälen und grob würfeln. Im
   Schnellkochtopf kochen, ersatzweise in einem
   Topf mit Salzwasser.

2. Anschließend durch die Kartoffelpresse drücken
   oder gleich mit einem festen Schneebesen verrühren (was für die spätere Konsistenz sogar
   noch besser ist).

3. Butter und je nach Konsistenz heiße Milch
   dazugeben, mit Salz und Muskat abschmecken.
   Mit dem Schneebesen luftig schlagen.

4. Sofort auf Tellern anrichten und Trüffeln in
   gewünschter Menge sehr fein darüberhobeln.

Die Varianten

Trüffeln
Nehmen Sie für dieses
Rezept keine Sommer-
trüffeln, sondern nur
weiße Alba-Trüffeln (sehr
teuer, sehr aromatisch,
Saison Oktober bis
Dezember) oder schwarze
Winteredeltrüffeln
(„günstiger", intensiv,
Saison Januar bis März).

Trüffelöl
Sollten Sie keine frischen
Trüffeln verwenden wollen,
gibt es als Alternative
mittlerweile auch gute
Trüffelöle. Statt normaler
Butter im Püree passt
auch Trüffelbutter.

**DIE PETERSILIENWURZEL peppt das Püree so richtig
auf. Man verwechselt sie leicht mit der fast gleich aus-
sehenden Pastinake, die Petersilienwurzel bringt aber
einen intensiveren Geschmack.**

RINDERBRATEN
mit Schmandwirsing und Salzkartoffeln

EIN WINTERLICHES FESTESSEN, DAS OHNE DEN SCHMORBRATEN AUCH
IN DER KÜCHE DER ARMEN LEUTE FRÜHER SEHR BELIEBT WAR.

Zutaten für 4 Portionen

1 kg Rinderbraten (Bug, Keule)

2 EL Butterschmalz

2 Zwiebeln

4 Knoblauchzehen

2 EL Tomatenmark

150 ml Rinderfond

250 ml kräftiger Rotwein

Salz, Pfeffer aus der Mühle

Lorbeerblatt

1 TL Paprikapulver (edelsüß)

600 g festkochende Kartoffeln

1 TL Salz

Butter (nach Belieben)

Für den Schmandwirsing

1 Wirsing, 1 Zwiebel, 1 EL Butter

100 ml Gemüsebrühe

50 ml trockener Weißwein

200 ml Schmand

Saft von 1 Limette

So geht's

1. Das Fleisch parieren (von Sehnen und Häuten befreien) **[→ a]**. Den Ofen auf 200 °C (Umluft 180 °C) vorheizen.

2. In einem Schmortopf das Schmalz erhitzen und das Fleisch von allen Seiten gut anbraten. Zwiebeln schälen und würfeln, mit dem ungeschälten Knoblauch zu dem Fleisch geben. Nach 2 Minuten Tomatenmark unterrühren. Mit dem Rinderfond ablöschen, den Wein dazugießen, mit Salz, Pfeffer, Lorbeer und Paprikapulver würzen. Im Ofen mindestens 2 Stunden schmoren **[→ b]**.

3. 45 Minuten vor Ende der Schmorzeit des Bratens den Schmandwirsing zubereiten: Kohl putzen, waschen und in mittelfeine Streifen schneiden **[→ c]**. Zwiebel schälen und würfeln. Butter in einem Topf erhitzen, zunächst die Zwiebel, dann den Wirsing dämpfen, sodass er zusammenfällt. Gemüsebrühe und Wein angießen und zugedeckt 30 Minuten bei schwacher Hitze köcheln lassen.

4. Kartoffeln schälen, vierteln und in Salzwasser kochen. Abgießen, ausdampfen lassen und zugedeckt warm stellen.

5. Kurz bevor der Wirsing fertig ist, den Schmand unterrühren und mit Pfeffer, Salz, Limettensaft und eventuell Muskat abschmecken.

6. Das fertige Fleisch aus der Form heben, warm stellen. Die Sauce kräftig aufkochen und reduzieren. Falls Sie eine gebundene Sauce wünschen, kalte Butterwürfel kräftig unterschlagen.

7. Den Braten mit Schmandwirsing und Salzkartoffeln servieren.

Zeitbedarf
• 30 Minuten + 2 – 3 Stunden garen

SALZKARTOFFELN haben zu diesem Gericht Tradition – auch wenn diese Zubereitungsart weniger Vitamine und Nährstoffe erhält als andere.

DAS IST
wirklich
WICHTIG

[a] **FLEISCH PARIEREN** Zum Parieren von Fleisch benötigen Sie ein wirklich scharfes Messer mit einer dünnen Klinge. Versuchen Sie auf möglichst großer Breite unter die Silberhaut zu gelangen und dabei so wenig Muskelfleisch wie möglich abzuschneiden. Bei kleineren Fleischstücken ist es sogar einfacher, die Hautseite auf das Brett zu legen und mit dem Messer zwischen Haut und Fleisch dicht an der Brettoberfläche mit Druck entlangzufahren.

[b] **SCHMORZEIT** Die perfekte Schmorzeit lässt sich nur durch Erfahrung herausfinden. Im Zweifelsfall lassen Sie den Braten etwas länger im Ofen – Rindfleisch wird durch längeres Schmoren umso zarter.

[c] **WIRSING PUTZEN** Den Strunk des Wirsings entfernen Sie am besten, indem Sie den Kopf zunächst halbieren und den Strunk als Keil mit dem Messer herausschneiden.

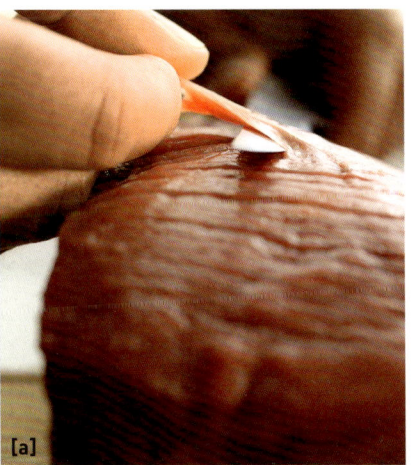

[a]

[c]

DAS IST *wirklich* WICHTIG

[a] **KANINCHEN ZERLEGEN** Das Zerlegen des Kaninchens erfordert neben einem guten Messer auch ein wenig anatomisches Einfühlungsvermögen. Nicht einfach irgendwo durchhacken, sondern sehen Sie sich bei den Vorder- und Hinterläufen an, wo die Gelenke liegen.

[b] **KANINCHEN GAREN** Schalten Sie die Hitze nicht zu hoch, sonst kocht das Fleisch aus und wird zäh.

[a]

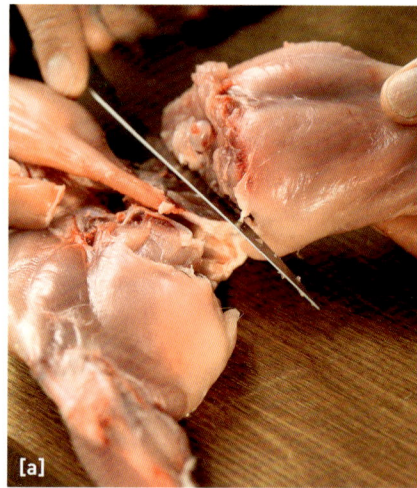

[a]

KANINCHEN IN WEISSWEINSAHNE
mit Bamberger Hörnle

ZARTES FLEISCH IN LEICHTER SAUCE – DA DÜRFEN DANN DIE KARTOFFELN
AN SICH SCHON ETWAS KRÄFTIGER IM GRUNDGESCHMACK SEIN.

Zutaten für 4 Portionen

1 Kaninchen (1,7 kg)

2 EL Olivenöl

Salz, Pfeffer aus der Mühle

100 ml Geflügelbrühe

500 ml halbtrockener weißer Burgunder

2 Handvoll Kapernbeeren

3 TL grüner Pfeffer

600 g Bamberger Hörnle

200 ml Sahne

1 EL Crème fraîche

Saft von 1 Zitrone

1 EL Butter

Zeitbedarf
• 35 Minuten +
  45 Minuten garen

So geht's

1. Das Kaninchen kalt abbrausen und trocken tupfen. In die Hinter- und Vorderläufe, den Rücken und die Brustteile zerlegen [→ a]. In einem schweren Bräter das Olivenöl erhitzen. Die Kaninchenteile von allen Seiten bei mittlerer Hitze anbraten, salzen und pfeffern.

2. Die Geflügelbrühe angießen und unter Rühren innerhalb weniger Minuten verdampfen lassen. Die Rückenteile herausnehmen (sie werden sonst zu trocken) und warm stellen. Zu dem Rest den Wein angießen, Kapernbeeren und grünen Pfeffer dazugeben, salzen.

3. Alles außer den Rückenteilen bei geschlossenem Deckel 45 Minuten köcheln lassen [→ b].

4. Inzwischen die Bamberger Hörnle gut waschen und in Salzwasser etwa 15 Minuten kochen.

5. Rückenteile für die letzten 10 Minuten Garzeit des Kaninchens wieder in den Bräter geben.

6. Das Fleisch herausheben und warm stellen. Die Sauce mit Sahne, Crème fraîche und Zitronensaft binden und etwas einkochen.

7. Bamberger Hörnle abgießen, Butter in einer Pfanne erhitzen. Kartoffeln darin leicht schwenken. Kaninchen mit der Sauce anrichten und die Kartoffeln dazu servieren.

Die Varianten

Sommergericht mit Tomaten
Als saftigere Alternative für den Sommer bietet sich an, das Kaninchen mit frischen Tomaten zu schmoren – dann freilich ohne Bamberger Hörnle, die ja nur im Winter Saison haben. In der Tomatenvariante sollten aber mehr Kräuter verarbeitet werden.

Kartoffeln
Alternativ zu den Bamberger Hörnle können Sie französische La Ratte verwenden oder, wenn Sie keine dieser Sorten bekommen, Frühkartoffeln.

DAS IST *wirklich* WICHTIG

[a] BRATENSTÜCK ABSPÜLEN
Spülen Sie das Fleisch unter kaltem, fließenden Wasser ab, bevor Sie es weiter verarbeiten. In der Brühe entsteht dann weniger Schaum. Diesen nach und nach mit dem Schaumlöffel abschöpfen.

[b] GARPROBE Das Fleisch ist gar, wenn man ohne Widerstand eine Gabel in das Fleisch stechen kann.

BÜRGERMEISTERSTÜCK
mit Bouillonkartoffeln

EIN TRADITIONELLES DEUTSCHES SONNTAGSESSEN AUS EINEM DER
BESTEN STÜCKE DES RINDES. SCHLICHT, ABER MIT EDLEN ZUTATEN.

Zutaten für 4 Portionen

2 große Möhren

1 Stange Lauch

1 Zwiebel

Öl

2 – 3 Markknochen

1 kg Bürgermeisterstück
(oder Tafelspitz)

1,5 l leichte Gemüsebrühe

1 Lorbeerblatt

3 Wacholderbeeren

1 Bund Suppengemüse

2 Schalotten

500 g vorwiegend fest-
kochende Kartoffeln

Salz, Pfeffer aus der
Mühle

Muskatnuss

Tabascosauce

Schnittlauch

Zeitbedarf
• 30 Minuten +
  etwa 2,5 Stunden garen

So geht's

1. Möhren und Lauch putzen und waschen, Zwiebel schälen, alles grob würfeln. In einem
Schmortopf das Öl erhitzen und darin zunächst
die Markknochen, dann das Gemüse leicht anrösten. Fleisch kalt abbrausen, trocken tupfen
und dazugeben [→ a]. Gemüsebrühe in den Topf
gießen, sodass das Fleisch bedeckt ist. Lorbeer
und zerdrückte Wacholderbeeren dazugeben.
2 bis 2,5 Stunden bei schwacher Hitze köcheln
lassen. Bei Bedarf Wasser zugießen.

2. Suppengrün putzen, Schalotten schälen, alles
fein würfeln. Kartoffeln schälen, grob würfeln.

3. Etwa 25 Minuten vor Ende der Garzeit des Fleisches in einem Topf Öl erhitzen, Schalotten darin glasig werden lassen, Gemüse dazugeben,
dann gleich die Kartoffeln. Sofort mit Brühe
aufgießen – am besten mit etwas von der Bouil-
lon des Fleisches. Die Kartoffeln bei schwacher
Hitze gar ziehen lassen. Mit Salz, Pfeffer, Muskat und Tabascosauce abschmecken.

4. Das fertige gegarte [→ b] Fleisch tranchieren.
Schnittlauch waschen, trocken tupfen und klein
schneiden, das Fleisch damit bestreuen. Mit der
Schaumkelle das Gemüse aus dem Sud heben,
abtropfen lassen und zu dem Fleisch anrichten.

Die Variante

Knochen für Suppe
Durch die Markknochen
wird die Brühe sehr ge-
schmacksintensiv, aber
auch ein wenig fett. Sie
können genauso gut durch
normale Rinderknochen
ersetzt werden.

**DAS BÜRGERMEISTERSTÜCK (oder auch Pfaffenstück) ist der zarte, edle Teil
aus der Kugel oberhalb der Rinderkeule. Früher war es den Honoratioren
einer Gemeinde vorbehalten. Es besteht fast ausschließlich aus Muskelfleisch
und kann gebraten, geschmort oder gekocht werden.**

111

SCHARFE GULASCHSUPPE
mit Kartoffeln

OB ALS PARTYESSEN, ZUM AUFWÄRMEN IM WINTER ODER
ALS KLEINE VORSPEISE: GULASCHSUPPE GEHT EIGENTLICH IMMER.

Zutaten für 4 Portionen

600 g Rindfleisch

3 Zwiebeln

2 rote Paprikaschoten

1 Möhre

40 g Butter

3 EL Tomatenmark

750 ml Fleischbrühe
(oder Rinderfond)

250 ml Rotwein

1 kleine rote Chilischote

Salz, Pfeffer aus der Mühle

1 ½ TL Rosenpaprika

½ TL Cayennepfeffer

450 g vorwiegend festkochende
Kartoffeln

Zeitbedarf
· 30 Minuten +
 2 Stunden garen

So geht's

1. Das Rindfleisch parieren (von Sehnen und Häuten befreien, siehe Seite 107), in 1,5 cm große Stücke schneiden. Zwiebeln schälen, Paprikaschoten und Möhre putzen, alles klein würfeln.

2. In einem Schmortopf die Butter erhitzen. Zwiebel und Gemüse darin glasig werden lassen, dann das Fleisch dazugeben. Etwas anbraten lassen, aber nicht rösten [→ a]. Das Tomatenmark untermischen und kurz mitbraten. Mit der Hälfte der Brühe und des Weins ablöschen. Chilischote waschen und im Ganzen dazugeben. Mit Salz, Pfeffer, Rosenpaprika und Cayennepfeffer würzen.

3. Auf dem Herd bei mittlerer Hitze oder im vorgeheizten Backofen bei 180 °C (Umluft 160 °C) mindestens 1,5 Stunden zugedeckt köcheln lassen.

4. Kartoffeln waschen, schälen und klein würfeln. Den restlichen Wein und Brühe zu dem Gulasch in den Topf gießen. Die Kartoffeln dazugeben. Weitere 25 Minuten abgedeckt köcheln lassen. Nach Belieben noch eine kleine, geschälte rohe Kartoffel dazureiben [→ b]. Vor dem Servieren erneut abschmecken.

DAS TOMATENMARK hat gleich mehrere Effekte: Es bringt Farbe ins Spiel, schützt das Fleisch vor dem Austrocknen und bindet die Suppe. Das funktioniert bei vielen dunklen Saucen.

DAS IST *wirklich* WICHTIG

[a] FLEISCH ZEITGERECHT WÜRZEN
Wenn das Fleisch ringsum Farbe an-
genommen hat und beim Andrücken
mit dem Kochlöffel kein blutiger
Saft mehr austritt, ist der Zeitpunkt
zum Würzen gekommen. Nun ist die
Oberfläche so geschlossen, dass das
Tomatenmark und die Gewürze gut
haften bleiben.

[b] SUPPE SÄMIG MACHEN Die
Suppe wird dick und sämig, wenn
man einige Minuten vor Ende der
Kochzeit eine fein geriebene kleine
rohe Kartoffel in das Gulasch reibt.
Deren Stärke bindet die Flüssigkeit.

DAS IST *wirklich* WICHTIG

[a] KROKETTEN FORMEN Rollen Sie zunächst eine Kugel mit den Händen, daraus dann die längliche Form der Krokette. Die Enden gerade andrücken. So gelingt eine schöne Zylinderform.

[b] SEMMELBRÖSEL Sie sollten wirklich Semmelbrösel und kein Paniermehl verwenden, damit bekommen die Kroketten den richtigen Biss. Für Semmelbrösel können Sie auch ein altbackenes Brötchen fein reiben.

[c] KROKETTEN AUSBACKEN Scheuen Sie sich nicht vor reichlich Fett in der Pfanne beim Ausbacken der Kroketten. Nur so werden sie außen kross und innen gar.

[a]

[c]

KALBSRAHMBRATEN
mit handgerollten Kroketten

EIN ECHTER KLASSIKER UNTER DEN SONNTAGSGERICHTEN.
SELBST GEMACHTE KROKETTEN SCHLAGEN GEKAUFTE UM LÄNGEN.

Zutaten für 4 Portionen

1 kg Kalbsbraten

2 EL Butterschmalz

1 Zwiebel

1 Möhre

2 Tomaten

200 ml Weißwein

150 ml Kalbsfond

200 g Schmand

1 TL mildes Currypulver

Für die Kroketten

500 g mehligkochende Kartoffeln

20 g Butter

2 Eier

Salz, Pfeffer

Muskat

25 g Kartoffelstärke

3 EL Mehl

40 g Semmelbrösel

Zeitbedarf
• 1 Stunde +
  2 Stunden garen

So geht's

1. Backofen auf 190 °C (Umluft 170 °C) vorheizen. Das Fleisch kurz abbrausen und trocken tupfen. Butterschmalz in einem Bräter erhitzen, Fleisch von allen Seiten leicht anbraten.

2. Zwiebel und Möhre schälen und würfeln, Tomaten waschen und würfeln, alles zu dem Fleisch geben, mit Weißwein und Fond aufgießen. 2 Stunden im Ofen braten. Ab und zu mit dem eigenen Saft übergießen.

3. 1 Stunde bevor der Braten fertig ist, die Kartoffelkroketten vorbereiten. Kartoffeln schälen und in Salzwasser kochen, abgießen. Durch die Presse drücken und etwas ausdampfen lassen.

4. Butter erhitzen, Eier trennen. In einer Schüssel die Kartoffelmasse mit den Eigelben, Salz, Pfeffer und Muskat vermischen. Aus der Masse kleine Rollen formen [→ a].

5. Mehl, Eiweiß und Semmelbrösel in drei getrennte Teller füllen. Die Rollen zuerst in Mehl, dann in Eiweiß und schließlich in den Semmelbröseln [→ b] wenden. In der Pfanne mit ausreichend Öl oder in der Fritteuse [→ c] ausbacken.

6. Vor dem Servieren das Fleisch aus dem Bräter heben und warm stellen. Die Sauce durch ein Sieb passieren. Den Schmand dazugeben, kurz aufkochen und mit Currypulver, Pfeffer, Salz und eventuell etwas Muskat abschmecken.

7. Fleisch mit der Sauce anrichten und mit den Kroketten servieren.

Die Varianten

Aus Kartoffelpüree
Reste von Kartoffelpüree lassen sich gut zu Kroketten verarbeiten. Dazu einfach etwas Mehl und ein Eigelb untermischen, würzen. Kroketten formen, in Mehl, Eiweiß und Semmelbröseln wenden, frittieren.

Kalbsrahmgulasch
Statt Kalbsrahmbraten können Sie auch ein Kalbsrahmgulasch ansetzen. Bei dieser deftigen Variante kommen noch Kümmel, Knoblauch, Paprikaschote und Tomatenmark dazu.

FORELLEN
mit Limetten-Bratkartoffeln

PICHELSTEINER
macht richtig satt

Zutaten für 4 Portionen

4 küchenfertige Forellen	400 g vorwiegend festkochende Kartoffeln
Salz, Pfeffer aus der Mühle	2 Knoblauchzehen
Saft von 4 Zitronen	30 g Ingwer
3 EL Mehl	Saft von 1 Limette
mediterrane Kräuter (z. B. Basilikum, Zitronenthymian, Rosmarin)	**Zeitbedarf** • 25 Minuten + 25 Minuten backen
1 EL Öl und Butter für die Pfanne	

Zutaten für 4 Portionen

200 g Rinderschmorfleisch (z. B. Hochrippe)	400 g festkochende Kartoffeln
200 g Schweinehals	2 EL Schweineschmalz
200 g Lammfleisch	Salz, Pfeffer aus der Mühle
3 mittelgroße Zwiebeln	1 TL Kümmel
4 Möhren	1 l Fleischbrühe
150 g Sellerie	Petersilie
300 g Weißkraut oder Sellerie	**Zeitbedarf** • 30 Minuten + 2 Stunden garen

So geht's

1. Ofen auf 210 °C (Umluft 190 °C) vorheizen. Die Forellen kalt abbrausen, trocken tupfen, innen und außen gut salzen. Mit Zitronensaft einreiben, danach in Mehl wenden. Kräuter waschen und trocken schütteln, in den Bauch geben. Bauch mit Zahnstochern verschließen.

2. Öl und Butter in einer Pfanne erhitzen. Forellen bei mittlerer Hitze anbraten, danach in einen Bräter legen, in den Ofen schieben.

3. Kartoffeln waschen, schälen, in feine Scheiben hobeln. Knoblauch und Ingwer schälen und fein hacken, in etwas Öl kurz glasig werden lassen, dann sofort die Kartoffelscheiben dazugeben. Bei mittlerer Hitze 20 Minuten knusprig anbraten. Für die letzten 2 Minuten die Kartoffeln mit dem Limettensaft beträufeln.

4. Die fertigen Forellen (ihre Augen sind milchigweiß) mit den Limetten-Kartoffeln servieren.

So geht's

1. Das gesamte Fleisch mundgerecht würfeln. Zwiebeln schälen, fein würfeln. Das Gemüse schälen, in Rauten, Stifte oder Streifen schneiden. Die Kartoffeln schälen und würfeln.

2. In einem Bräter Schmalz erhitzen, Fleisch darin anbraten. Zwiebeln dazugeben, 2 Minuten mitbraten.

3. Gemüse und Kartoffeln in abwechselnden Lagen zu dem Fleisch geben, wobei die Kartoffeln die oberste Schicht bilden. Jede Lage abschließend mit Salz, Pfeffer und Kümmel würzen. Fleischbrühe erhitzen, den Topfinhalt damit aufgießen.

4. Im vorgeheizten Ofen bei 160 °C (Umluft 140 °C) oder auf dem Herd bei schwacher Hitze mindestens 2 Stunden garziehen lassen. Petersilie waschen, trocken tupfen und fein hacken. Vor dem Servieren über das Gericht streuen.

KRUSTENSCHWEINSBRATEN
mit Kartoffelknödeln

Zutaten für 4 Portionen

Für die Kartoffelknödel

1,4 kg mehligkochende Kartoffeln

2 altbackene Brötchen

1 Ei

200 ml Wasser

Salz, Pfeffer aus der Mühle

Für den Schweinsbraten

1,5 kg Schweinsbraten mit Schwarte (rautenförmig eingeritzt)

Salz, Pfeffer aus der Mühle

Paprikapulver (edelsüß)

2 TL Kümmel

1 Stück Sellerie (200 g)

2 Möhren

2 Zwiebeln

5 ungeschälte Knoblauchzehen

1 Flasche Starkbier

1 Glas Kalbsfond

Majoran (nach Belieben)

besonderes Werkzeug
• große Bratform
• Rohkostreibe
• Kartoffelpresse

Zeitbedarf
• 40 Minuten +
  3 Stunden garen

So geht's

1. 400 g von den Kartoffeln waschen, in Salzwasser kochen, abgießen.

2. Inzwischen den Ofen auf 170 °C (Umluft 150 °C) vorheizen. Den Schweinsbraten mit Salz, Pfeffer, Paprikapulver und Kümmel rundherum einreiben. In einer großen Bratform fingerhoch Wasser aufkochen und den Braten mit der Kruste nach unten 2 Minuten darin köcheln lassen.

3. Fleisch umdrehen. Sellerie und Möhren schälen, Zwiebeln teilen, aber nicht schälen. Knoblauch, Zwiebeln und Gemüse zu dem Fleisch geben. Die Hälfte des Bieres und den Kalbsfond angießen.

4. Im Ofen rund 3 Stunden braten, dabei immer wieder mit dem eigenen Saft begießen. Zwischendurch frisches Bier angießen.

5. Inzwischen für die Knödel das restliche 1 kg Kartoffeln schälen und roh in eine Schüssel reiben, die mit einem Geschirrtuch ausgelegt ist. Die geriebenen Kartoffeln mithilfe des Geschirrtuchs ausdrücken, dabei die austretende Flüssigkeit in der Schüssel auffangen. Kartoffelmasse in eine zweite Schüssel geben. Wenn sich am Boden die Stärke abgesetzt hat, Flüssigkeit abgießen und die Stärke unter die Kartoffelmasse mischen.

6. Die gekochten Kartoffeln schälen und durch die Presse drücken. Brötchen in Stückchen reißen, mit Ei, Wasser, Salz und Pfeffer unter die zerdrückten Kartoffeln mischen. Rohe Kartoffelmasse dazugeben und zu einem Teig verkneten. Aus dem Teig 8 bis 10 Knödel formen. Salzwasser in einem großen Topf aufkochen, die Knödel einlegen und bei schwacher Hitze 25 Minuten ziehen lassen.

7. Knödel mit der Schaumkelle aus dem Wasser heben, abtropfen lassen. Den Schweinsbraten nach Belieben mit Majoran bestreuen, mit den Kartoffeln servieren.

DIE SCHWARTE DES BRATENS nimmt durch das kurze Kochen Wasser auf. Dadurch brennt sie im Ofen später nicht an und ergibt eine krachende Knabberei, unter deren Schutzpanzer das restliche Fett den Braten saftig hält.

DAS BIER FÜR DEN BRATEN sollte kein normales Pils oder Export sein – beide Sorten wären zu bitter. Sie benötigen ein dunkles, süßliches Bier mit hoher Stammwürze.

DAS IST *wirklich* WICHTIG

[a] WACHTELN ANBRATEN Das Öl darf in der Pfanne nicht rauchen, damit der angestrebte Röstgeschmack nicht durch Brandnoten verdorben wird.

[b] KARTOFFELMASSE SCHLAGEN Der Teig sollte schön schaumig werden, nicht satt feucht. Je luftiger der Teig, desto leichter backen die Formen in der kurzen Zeit aus.

WACHTELN
mit Pflaumen und Herzoginkartoffeln

WACHTELN SIND GANZ EINFACH ZU PORTIONIEREN: MAN RECHNET EINE PRO PERSON. DIE WILDVÖGEL HABEN EINEN INTENSIVEN, ABER NIE AUFDRINGLICHEN GESCHMACK.

Zutaten für 4 Portionen

Für die Herzoginkartoffeln

500 g mehligkochende Kartoffeln

30 g Butter (zimmerwarm)

Muskat

3 Eigelb

Für die Wachteln

4 küchenfertige Wachteln

8 frische Pflaumen

8 Walnusskerne

12 kleine Schalotten

4 Stängel Blattpetersilie

1 kleine rote Chilischote

2 EL Olivenöl

einige Rosmarinnadeln

1 Lorbeerblatt

250 ml kräftiger Rotwein

50 ml Hühnerbrühe

Cayennepfeffer, Currypulver, Essig, Portwein (nach Belieben)

So geht's

1. Kartoffeln in Salzwasser kochen und abgießen.

2. Ofen auf 200 °C (Umluft 180 °C) vorheizen. Wachteln kalt abbrausen, trocken tupfen, halbieren, salzen und pfeffern. Pflaumen seitlich einschneiden, Kern durch Walnusskern ersetzen. Schalotten schälen. Petersilie waschen, trocken schütteln und klein hacken. Chilischote waschen.

3. Mit jeweils etwas Öl in einer Pfanne die Wachteln nacheinander rundherum anbraten [→ a]. Fertige Teile in eine Bratenform legen.

4. Schalotten in der Pfanne mit Pflaumen, Chili, Rosmarin, Lorbeer und der Hälfte der Petersilie anbraten, mit der Hälfte des Weins ablöschen, über die Wachteln gießen. 30 Minuten im Ofen braten. Nach 10 Minuten Brühe zugießen.

5. Kartoffeln schälen, durch die Presse drücken, mit der Butter vermischen. Mit Muskat, Salz und 2 Eigelben schaumig schlagen [→ b]. Masse in den Spritzbeutel füllen, Formen auf ein mit Backpapier ausgelegtes Blech setzen.

6. Formen mit restlichem Eigelb bestreichen und 10 Minuten zu den Wachteln in den Ofen stellen.

7. Wachteln und Pflaumen aus der Form heben, warm stellen. Die Sauce in einem Topf mit dem restlichen Wein gut reduzieren, mit Cayennepfeffer, Currypulver, Essig und Portwein abschmecken. Wachteln mit der Sauce anrichten, restliche Petersilie darüberstreuen. Mit den Herzoginkartoffeln servieren.

Die Variante

Geflügel
Gute Wachteln bekommt man in Deutschland meist als französische Ware angeboten. Als Alternative bieten sich Stubenküken an. Sie haben ein feineres, mehr neutrales Aroma.

besonderes Werkzeug
- Kartoffelpresse
- Spritzbeutel
- Backpapier

Zeitbedarf
- 30 Minuten +
  30 Minuten garen

GANZ BESONDERS
Kartoffeln in Bestform

HIER SCHALTEN SIE NOCH EINEN GANG HÖHER. EIN PAAR HIGHLIGHTS IN EINEM ÜPPIGEN MENÜ GEFÄLLIG? SICH NICHT GANZ ALLTÄGLICHEN ZUTATEN WIDMEN? WAS NEUES RISKIEREN, BEVOR DIE GÄSTE ANKLOPFEN? DANN VIEL SPASS!

WERKZEUGE
Damit ist gut kochen.

ES IST NICHT ANDERS ALS BEI „ECHTEN" HANDWERKERN: MIT DEM RICHTIGEN WERKZEUG KOMMT MAN EINFACH BESSER VORAN.

SELBSTREDEND sind Generationen unserer Vorfahren auch bestens ohne raffiniert ausgeklügelte Werkzeuge zur Verarbeitung von Kartoffeln ausgekommen – ein einfaches Messer und ein Stampfer reichen meist aus.

FINGER WEG!

Und doch sind bestimmte Utensilien sinvoll und erleichtern die Arbeit. Bevor man sich beim Schälen heißer Kartoffeln die Finger verbrennt, bedient man sich eines dreizackigen Kartoffelpieksers, der weniger grob in die Kartoffel eindringt als eine Gabel. Geschält wird die heiße Knolle mit einem kleinen, an der Spitze gerundeten Messer mit gerader Klinge.

ZUM PRESSEN UND HOBELN

Zur Standardausrüstung gehören auch wahlweise eine Kartoffelpresse oder ein Stampfer, etwa für Gnocchi, Schupfnudeln oder Püree. Für die Herstellung von Kartoffelscheiben als äußerst praktisch erweist sich ein Gourmet- oder Trüffelhobel, bei dem man die Stärke der Scheiben einstellen kann. Noch besser, aber nicht billig, ist eine Küchenmandoline. Damit lassen sich auch sehr gut Stifte raspeln.

FÜR ROHMATERIAL

Für die Verarbeitung roher Kartoffeln in jedem Fall unverzichtbar sind ein Sparschäler sowie eine Rohkostreibe mit feinen und groben Raspeln – die brauchen Sie für Rösti, Klöße und Kartoffelteige jeder Art. Wie bei allem Werkzeug gilt generell: lieber bei der Anschaffung etwas mehr Geld ausgeben, als sich später über schlechtes Material ärgern müssen.

DIE GRÄTEN ERTASTEN UND HERAUSZUPFEN

DAS IST *wirklich* WICHTIG

[a] FISCHFILETS ENTGRÄTEN Fahren Sie mit dem Finger behutsam über das Filet, wo sichtbar die Fleischstrukturen zusammentreffen. Gräten machen sich hier als harte Hindernisse bemerkbar und können mit einer Pinzette herausgezupft werden.

[b] GRATIN LÄNGER BACKEN Sollte das Backen durch die Wahl eines festeren Fisches länger dauern, decken Sie die Kruste einfach mit Alufolie ab. So bräunt sie nicht zu stark.

KARTOFFEL-FISCH-AUFLAUF
mit Blattspinat

EIN GANZ EINFACHES GRUNDREZEPT, DAS IN VIELERLEI HINSICHT VARIIERT
WERDEN KANN – DURCH DIE WAHL DER FISCHE, DES GEMÜSES, DER SAUCEN.

Zutaten für 4 Portionen

500 g mehligkochende
Kartoffeln

1 kg Fischfilets (z. B.
Lachs oder Seelachs)

Saft von 1 Zitrone

150 ml Sahne (oder Milch-
Sahne-Mix)

2 EL Butter

Salz, Pfeffer aus
der Mühle

Muskatnuss

450 g Blattspinat

1 Schalotte

1 Knoblauchzehe

Butter für die Form

besonderes Werkzeug
• Kartoffelstampfer
• Auflaufform
  (ca. 25 x 35 cm)

Zeitbedarf
• 30 Minuten +
  30 Minuten garen

So geht's

1. Die Kartoffeln waschen, in Salzwasser kochen.
   Die Fischfilets kurz kalt abbrausen, eventuelle
   kleine Gräten aus dem Fleisch zupfen [→ a].
   Fisch mit dem Zitronensaft beträufeln, ein paar
   Minuten kühl durchziehen lassen.

2. Die fertigen Kartoffeln abgießen, schälen, zerstampfen. Sahne, 1 EL Butter, Salz, Pfeffer und
   Muskat dazugeben, alles grob zerstampfen.

3. Den Backofen auf 200 °C (Umluft 180 °C) vorheizen. Den Spinat verlesen, putzen und waschen.
   In der Salatschleuder trocken schleudern. Schalotte und Knoblauch schälen und klein hacken.

4. In einem Topf 1 EL Butter erhitzen. Schalotte
   und Knoblauch kurz glasig werden, den Spinat
   dazugeben und zusammenfallen lassen. Mit
   Salz, Pfeffer und Muskat würzen.

5. Eine Auflaufform ausbuttern. Eine Lage Spinat
   auf den Boden geben, dann die Fischfilets einschichten, darüber wieder Spinat. Darauf als
   oberste Schicht das Püree setzen. Im Ofen etwa
   30 Minuten überbacken [→ b].

Die Varianten

Kartoffeln in Scheiben
Die Kartoffeln kann man
auch als sehr dünne
Scheiben in die Form
schichten. Gießen Sie dann
jedoch etwas Flüssigkeit
(leichte Gemüsesuppe
oder Weißwein) vor dem
Backen zu dem Auflauf.

Gemüse
Als Gemüse macht sich
Fenchel sehr gut, weil er
sich mit dem Aroma von
Fisch hervorragend kom-
binieren lässt. Auch Paprika ist möglich. Wenn Sie
Zucchini verwenden, soll-
ten Sie das Gericht etwas
kräftiger würzen.

Fisch
Es geht im Grunde jeder
Fisch mit gutem Filet-
fleisch: Kabeljau, Wolfs-
barsch oder auch Zander.
Bei festeren Arten wie
Wels oder Red Snapper
verlängert sich die Garzeit
um einige Minuten.

DAS IST *wirklich* WICHTIG

[a] KLÖSSE ZIEHEN LASSEN Die Klöße sollen in
dem Wasser ziehen, auf keinen Fall kochen.

GEFÜLLTE TÄUBCHEN
mit halbseidenen Klößen

WENN SONNTAGS KARTOFFELMASSE ZUM AUSDAMPFEN AM OFFENEN
KÜCHENFENSTER STEHT, WEISS MAN: DAS WIRD EIN SCHMAUS ...

Zutaten für 4 Portionen

Für die Klöße

1 kg mehligkochende
Kartoffeln

200 g Kartoffelstärke

Salz

¼ l heiße Milch

Muskat

1 Brötchen

Für die Täubchen

1 altbackenes Brötchen

etwas Milch

4 Täubchen

Salz, Pfeffer aus der Mühle

1 Schalotte

1 Knoblauchzehe

Kräuter nach Belieben

Butter für die Pfanne

100 g Geflügelleber

4 EL saure Sahne

1 EL Butterschmalz

So geht's

1. Kartoffeln waschen, in Salzwasser kochen. Altbackenes Brötchen in Milch einweichen. Täubchen kalt abbrausen und trocken tupfen, innen wie außen salzen und pfeffern. Brötchen ausdrücken, zerrupfen oder klein schneiden. Ofen auf 200 °C (Umluft 180 °C) vorheizen.

2. Schalotte und Knoblauch schälen und fein würfeln. Kräuter waschen, trocken schütteln und fein hacken. Butter in einer Pfanne erhitzen. Schalotte und Knoblauch darin glasig werden lassen. In einer Schüssel mit den Geflügellebern, den Kräutern, saurer Sahne und dem Brötchen vermischen. Damit die Täubchen füllen. Öffnung mit Küchengarn verschließen.

3. Die fertigen Kartoffeln abgießen, schälen, durch die Presse drücken und ausdampfen lassen.

4. Schmalz in einer Pfanne erhitzen. Täubchen bei mittlerer Hitze rundherum anbraten. In einer Bratenform 45 Minuten im Ofen backen. Regelmäßig mit ausgetretener Flüssigkeit begießen.

5. Für die Klöße Stärke, Salz, heiße Milch und Muskat zu der Kartoffelmasse geben, gut vermischen. Brötchen klein würfeln. Butter in einer Pfanne erhitzen, Würfel leicht anrösten. Salzwasser in einem großen Topf aufkochen. Mit nassen Händen Klöße formen, jeweils ein paar Brotwürfel in die Mitte geben. Klöße bei schwacher Hitze 25 Minuten ziehen lassen [→ a].

6. Klöße herausheben, zu den Täubchen servieren.

Die Variante

Klöße

Bei den Klößen kommen regional größere Unterschiede vor. Die hier Vorgestellten findet man am ehesten in Thüringen und in Franken. Ist der Anteil roher Kartoffeln größer oder sind sie ganz ohne gekochte Kartoffeln gemacht, kennt man sie auch als „Wollene" oder „Hooriche" (pfälzisch für „Haarige").

besonderes Werkzeug
• Kartoffelpresse

Zeitbedarf
• 1 Stunde +
  45 Minuten garen

LAMMKARREE
mit Kartoffel-Apfel-Gratin

EIN LAMMKARREE IST IMMER EIN WUNDERSCHÖNER ANBLICK.
UND DABEI GAR NICHT SCHWER ZUZUBEREITEN.

Zutaten für 4 Portionen

500 g vorwiegend festkochende Kartoffeln

2 große Äpfel

Butter für die Form

150 g Greyerzer

1 Knoblauchzehe

300 ml Sahne

Salz, Pfeffer aus der Mühle

Muskat

2 Lammkarrees

Öl für die Pfanne

Thymian, Rosmarin, Petersilie

50 g Parmesan

50 g Semmelbrösel

1 Ei

1 TL Senf

Zeitbedarf
· 1 Stunde +
  45 Minuten backen

So geht's

1. Den Ofen auf 200 °C (Umluft 180 °C) vorheizen. Die Kartoffeln waschen und schälen. Die Äpfel schälen, vierteln, Kerngehäuse entfernen. Beides in dünne Scheiben schneiden. Auflaufform buttern, Kartoffeln und Äpfel darin einschichten.

2. Greyerzer grob reiben. Knoblauch schälen und fein hacken. Sahne in einem kleinen Topf erwärmen, mit Salz, Pfeffer, 1 Prise Muskat und Knoblauch würzen. Über das Gratin gießen, den Greyerzer darüberstreuen. Gratin etwa 45 Minuten im Ofen backen.

3. Knochen der Lammkarrees sauber freischaben. In einer Pfanne das Öl erhitzen. Fleisch von allen Seiten anbraten. In eine ofenfeste Form geben, 10 Minuten zu dem Gratin in den Ofen stellen.

4. Inzwischen die Kräuter waschen und trocken tupfen, Parmesan fein reiben. Mit den Semmelbröseln und dem Ei zu einer cremigen Paste vermischen. Das Fleisch aus dem Ofen holen. Mit dem Senf bepinseln, die Paste darauf verstreichen.

5. Anschließend die Karrees noch einige Minuten im Ofen backen [→ a]. Das Gratin ist fertig, sobald die Kruste schön braun ist.

6. Karrees mit dem Gratin auf Tellern anrichten.

DAS KARREE ist der Rückenstrang des Lammes mitsamt der Rippenknochen. Ein guter Metzger wird Ihnen die Knochen gerne säubern.

BESONDERS JUNGES LAMMFLEISCH von Tieren bis zu sechs Monaten ist herrlich zart und fein im Geschmack.

DAS IST *wirklich* WICHTIG

[a] FERTIGE KARREES Garen Sie die Karrees nicht durch – das Fleisch sollte innen noch schön rot sein.

KARTOFFELCURRY
mit Safranjoghurt

AROMEN AUS ASIENS KÜCHEN SCHMECKEN NICHT NUR GUT –
DIE ÄTHERISCHEN ÖLE STÄRKEN AUCH UNSERE ABWEHRKRÄFTE.

Zutaten für 4 Portionen

800 g festkochende
Kartoffeln

1 mittelgroße Zwiebel

20 g Ingwer

1 Knoblauchzehe

½ TL Koriandersamen

½ TL Kreuzkümmelsamen

1 grüne Chilischote

1 EL Butterschmalz

100 ml Hühnerfond

200 ml Vollmilch-Joghurt

20 Cocktailtomaten

Salz, Pfeffer aus
der Mühle

Saft von 1 Limette

1 Msp. Safranfäden

Korianderblättchen zum
Garnieren

besonderes Werkzeug
• Mörser

Zeitbedarf
• 20 Minuten +
  25 Minuten garen

So geht's

1. Salzwasser in einem Topf zum Kochen bringen. Kartoffeln waschen und schälen, in etwa 1,5 cm große Würfel schneiden. 12 bis 15 Minuten kochen, sodass sie nicht ganz durch sind.

2. Inzwischen Zwiebel, Ingwer und Knoblauch schälen und sehr klein würfeln. Koriander- und Kreuzkümmelsamen im Mörser zerstoßen. Chilischote waschen, putzen und in feine Ringe schneiden.

3. In einer Pfanne Butterschmalz erhitzen. Zwiebeln, Ingwer und Knoblauch glasig werden lassen. Gewürze und Chili dazugeben, 2 bis 3 Minuten durchrühren. Kartoffeln abgießen und mit dem Fond zu der Mischung geben.

4. Bei nur noch schwacher Hitze den Joghurt einrühren, 5 Minuten ziehen lassen.

5. Cocktailtomaten waschen, putzen, halbieren, in die Pfanne geben und etwas durchziehen lassen. Mit Salz, Pfeffer und Limettensaft abschmecken. Kurz vor dem Servieren Safran über das Gericht streuen und einruhren. Mit den Korianderblättchen getrennt servieren.

EIN GUTER MÖRSER in der Küche ist Gold wert. Wenn Sie die Körner frisch zerstoßen, sind sie wesentlich aromatischer als fertiges Pulver, das rasch veratmet.

EIN SPRITZER ZITRONEN- ODER LIMETTENSAFT passt überall dort, wo man denken könnte, durch Joghurt, Sahne oder Crème fraîche käme zu viel Fett ins Essen.

Die Varianten

Geflügel
Wer's nicht ganz so vegetarisch liebt, für den bietet sich schnell garendes Hühner- oder Putenfleisch als Beilage an. Dieses kommt dann zum gleichen Zeitpunkt wie die Kartoffeln in das Curry. Diese Variante etwas länger durchziehen lassen.

Lamm oder Fisch
Auch als Beilage zu gebratenem Lammfleisch oder Fisch schmeckt dieses Curry wunderbar. Dazu wiederum passt der Joghurt ausgezeichnet.

HIRSCHGULASCH
mit Schokolade und Rosmaringnocchi

WILD HAT SEIN ANGESTAUBTES IMAGE ENDGÜLTIG ABGELEGT. DAS FLEISCH JUNGER TIERE IST ZART, FEIN IM GESCHMACK UND MODERN, DA ES WENIG FETT ENTHÄLT.

Zutaten für 4 Portionen

Butterschmalz

1 kg Hirschgulasch

3 Möhren

3 Lorbeerblätter

Scheiben von ½ Zitrone

Salz, Pfeffer aus der Mühle

700 ml Wildfond

40 g Zartbitter-Kuvertüre

1 Schuss Johannisbeersirup

evtl. Aceto balsamico

Für die Gnocchi

800 g mehligkochende Kartoffeln

200 g Mehl

1 Ei, 1 Eigelb, Salz, Muskat

1 EL Butter

Rosmarinnadeln

besonderes Werkzeug
• Kartoffelpresse

Zeitbedarf
• 1 Stunde +
2,5 Stunden garen

So geht's

1. Ofen auf 180 °C (Umluft 160 °C) vorheizen. Butterschmalz in einem Topf erhitzen. Das Fleisch portionsweise anbraten [→ a], anschließend in eine ofenfeste Form legen. Möhren waschen, putzen oder schälen, in Scheiben schneiden. Mit Lorbeer, Zitronenscheiben, Salz, Pfeffer und dem Wildfond zu dem Fleisch geben. 2,5 Stunden im Ofen garen.

2. Inzwischen für die Gnocchi Kartoffeln in Salzwasser kochen, abgießen und schälen. Auf einer Arbeitsplatte das Mehl anhäufen, in die Mitte eine Mulde drücken. Eier, Salz und 1 Prise Muskat verquirlen, in die Mulde gießen. Kartoffeln in einem Kranz um das Mehl durch die Presse drücken. Mit bemehlten Händen alles zu einem glatten Teig verkneten.

3. Auf der bemehlten Arbeitsfläche den Teig zu fingerdicken Rollen formen [→ b]. Von diesen knapp 2 cm lange Stücke abschneiden, mit den Zinken einer Gabel mit Rillen versehen (damit die Sauce der Speisen besser aufgenommen werden kann).

4. Am Ende der Garzeit des Fleisches das Salzwasser für die Gnocchi zum Kochen bringen. Die Gnocchi einlegen und bei schwacher bis mittlerer Hitze etwa 5 Minuten leise sieden lassen, bis sie an die Oberfläche steigen. In einer Pfanne Butter erhitzen. Gnocchi mit dem Schaumlöffel aus dem Wasser heben und abtropfen lassen. In der Pfanne die Gnocchi mit den Rosmarinnadeln bei schwacher Hitze kurz durchschwenken.

5. Kuvertüre in Stücke brechen. Am Ende der Garzeit mit dem Sirup zu dem Fleisch geben. Fleisch und Möhren aus der Form heben, warm stellen. Die Sauce 5 Minuten bei mittlerer Hitze einkochen lassen. Mit Salz, Pfeffer und Aceto balsamico abschmecken.

6. Fleisch und Möhren wieder zu der Sauce geben, mit den Gnocchi anrichten.

DAS IST *wirklich* WICHTIG

[a] FLEISCH ANBRATEN Geben Sie das Fleisch nicht auf einmal ins heiße Schmalz, sondern in kleineren Portionen. In zu großen Mengen wurde es nicht braten, sondern dünsten.

[b] GNOCCHI FORMEN Die Gnocchi dürfen nicht mehr an Ihren Händen kleben. Geben Sie im Zweifelsfall lieber noch etwas mehr Mehl dazu.

DAS IST *wirklich* WICHTIG

....

[a] KARTOFFELMASSE AUFTRAGEN

Die Kartoffelmasse tragen Sie am besten mit einem weichen Teigschaber auf. Die Masse soll den Fisch ganz bedecken, aber auch nicht zu dick aufgetragen sein – etwa ½ cm ist richtig.

[a]

DORADE
im Kartoffelmantel

NUR ETWAS FÜR AUSGEBUFFTE KÜCHENPROFIS? KEINESWEGS:
HIER KÖNNEN SIE ALS HOBBYKOCH MAL SO RICHTIG ANGEBEN.

Zutaten für 4 Portionen

4 kleine, küchenfertige
Doraden

einige Stängel frischer
Majoran

Saft von 4–5 Zitronen

Salz, Pfeffer aus
der Mühle

2 mittelgroße mehlig-
kochende Kartoffeln

1 Ei

2 EL Semmelbrösel

Muskat

Öl

2 EL Butter

besonderes Werkzeug
• feuerfeste Form

Zeitbedarf
• 20 Minuten +
  35 MInuten garen

So geht's

1. Ofen auf 180 °C (Umluft 160 °C) vorheizen. Die
   Doraden kalt abbrausen und trocken tupfen.
   Majoranstängel waschen und trocken schütteln.
   Die Fische mit der Hälfte des Zitronensaftes be-
   träufeln, innen salzen und pfeffern. Etwas von
   dem Majoran in jeden Bauch geben.

2. Die Kartoffeln schälen. Mit der Rohkostraspel
   grob in eine Schüssel reiben, die mit einem Geschirrtuch ausgelegt ist. Die Flüssigkeit gut aus
   dem Geschirrtuch ausdrücken. Die Kartoffelmasse mit Ei, Semmelbröseln, Muskat, Pfeffer
   und Salz zu einem glatten Teig verkneten.

3. Die Doraden in eine feuerfeste Form legen und
   mit etwas Öl bepinseln. 10 Minuten backen, dann
   wieder aus dem Ofen nehmen.

4. Die Fische an der Oberseite mit der Kartoffelmasse bestreichen [→ a].

5. Fische mit dem restlichen Zitronensaft beträufeln
   und mit der Butter in Flöckchen belegen. Im Backofen auf der untersten Schiene gute 25 Minuten
   backen, bis die Kartoffelkruste schön gebräunt ist.

Die Varianten

Fischarten
Im Grunde eignen sich
viele Fische dazu, von
einem Kartoffelmantel
umhüllt zu werden.
Orientieren Sie sich
am Tagesangebot Ihres
Fischmarktes.

Kartoffelmasse
Die Kartoffelmasse lässt
sich mit Safran, Kurkuma
oder anderen Gewürzen
aromatisieren und färben.

Kartoffelscheiben
Anstatt mit der Masse
können Sie den Fisch
mit Kartoffelscheiben be-
legen. Diese hauchdünn
hobeln und in Weißwein
einlegen. Die Scheiben
dachziegelartig flach
über die Fische schichten.
Ein echter Hingucker!

AUFLAUF
aus Süßkartoffeln

Zutaten für 4 Portionen

500 g Süßkartoffeln

Salz

2 Eier

80 g Zucker

30 g warme Butter

200 ml Milch

Zeitbedarf
- 10 Minuten +
  25 Minuten garen

So geht's

1. Ofen auf 170 °C (Umluft 160 °C) vorheizen. Die Süßkartoffeln schälen und in kleine Stücke schneiden. In einem Topf mit Salzwasser etwa 25 Minuten kochen.

2. Süßkartoffeln abgießen, grob zerstampfen. Mit den Eiern, dem Zucker, der Butter und der Milch vermischen. In eine Auflaufform geben.

3. Etwa 5 Minuten backen.

Zum Thanksgiving-Truthahn – wahrhaft nicht wegzudenken amerikanisch.

SAUMAGEN
das Pfälzer Original

Zutaten für 4 Portionen

350 g Rindfleisch

350 g Schweinefleisch

2 Zwiebeln

1 altbackenes Brötchen

2 – 3 Eier

Salz, Pfeffer

Muskat

Majoran

500 g vorwiegend festkochende Kartoffeln

200 ml Fleischbrühe

1 getrockneter Saumagen

1 Bund Suppengrün

besonderes Werkzeug
- Küchengarn

Zeitbedarf
- 30 Minuten +
  2,5 – 3 Stunden garen

So geht's

1. Die Hälfte des Fleisches vom Metzger durch den Fleischwolf drehen lassen. Den Rest fein würfeln. Zwiebeln schälen, klein würfeln. Brötchen kurz in Wasser einweichen, ausdrücken und in kleine Stücke zupfen. Fleisch, Zwiebeln, Brötchen, Eier und Gewürze gut vermischen.

2. Kartoffeln waschen, schälen, fein würfeln und zu der Masse mischen. So viel Fleischbrühe angießen, dass die Masse geschmeidig, aber nicht suppig wird. Den getrockneten Saumagen damit befüllen, allerdings nicht zu prall. Mit Küchengarn verschließen.

3. Suppengrün waschen und putzen. Den Saumagen in einem ausreichend großen Wassertopf mit dem Suppengrün 2,5 bis 3 Stunden bei schwacher Hitze ziehen lassen.

4. Den Saumagen aus dem Sud heben, abtropfen lassen und in ein Geschirrtuch wickeln. Am Tisch in Scheiben schneiden. Dazu Kraut, Brot und Senf reichen.

NESTCHEN
vielfach einsetzbar

MARILLENKNÖDEL
der Sommerhit

Zutaten für 10 Kartoffelnester

500 g festkochende
Kartoffeln

Erdnussöl zum
Frittieren

besonderes Werkzeug
• Nestbacklöffel
• Julienne-Schneider

Zeitbedarf
• 20 Minuten

Zutaten für 16 Knödel

600 g mehligkochende
Kartoffeln

130 g Mehl

40 g zimmerwarme
Butter

2 Eigelb

Salz

16 Aprikosen

16 Stück Würfelzucker

140 g Butter

120 g Semmelbrösel

½ TL Zimt

Puderzucker

Zeitbedarf
• 50 Minuten +
  10 Minuten garen

So geht's

1. Kartoffeln waschen und schälen. Mit einem Julienne-Schneider in sehr feine Streifen raspeln.

2. In einer Pfanne oder in einer Fritteuse das Öl erhitzen. Die größere Hälfte des Nestbacklöffels mit Kartoffelstreifen auslegen, den Löffel zusammenklappen und in das Öl legen. Werden die Kartoffeln leicht braun, die kleinere Drahthalbkugel aufklappen und das Nest fertig backen.

3. Den Löffel herausnehmen, Kartoffelnest vorsichtig aus der Form schütteln, auf Küchenpapier legen. So Nest um Nest ausbacken.

4. Füllen Sie die Nester mit Gemüse, mit Ragout fin, mit Fleisch...

So geht's

1. Kartoffeln schälen und würfeln, in Salzwasser bei mittlerer Hitze kochen. Abgießen, etwas ausdampfen lassen, durch die Presse drücken. Etwas abkühlen lassen. Mit bemehlten Händen die Kartoffelmasse, Mehl, Butter, Eigelbe und Salz zu einem glatten Teig verkneten.

2. Aprikosen waschen, abtrocknen. Längs an einer Seite aufschneiden, Kerne entfernen und jeweils durch ein Stück Würfelzucker ersetzen.

3. Kartoffelteig auf einer bemehlten Fläche zu einer dicken Rolle formen und in 16 Scheiben schneiden. Diese so flach drücken, dass man damit eine Aprikose ummanteln kann.

4. Knödel in Salzwasser bei schwacher Hitze ziehen lassen. In einer Pfanne Butter schmelzen, Semmelbrösel mit Zimt leicht golden anrösten. Mit einem Schaumlöffel die Knödel herausheben, in die Pfanne gleiten lassen. In den Bröseln wenden und mit etwas Puderzucker bestreuen.

REGISTER

A

Aalsuppe 92

Apfel
Bratkartoffeln mit Matjes (Variante) 51
Himmel und Erde 64
Lammkarree mit Kartoffel-Apfel-
Gratin 128
Nudeln aus Kartoffelteig 40
Reibekuchen mit Apfelbrei 83

Appenzeller
Kartoffelhälften mit Lauchfüllung und
dreierlei Käse (Variante) 41

Aprikosen
Marillenknödel 137

Auflauf aus Süßkartoffeln 136

Austernpilze
Kartoffelgratin mit Austernpilzen 19

Avocado
Guacamole 54
Kartoffelpuffer 47

B

Beeren
Reibekuchen mit Beerenfrüchten 83
Blätterteigtäschchen mit Stilton und
Olive 55

Blauschimmelkäse
Blätterteigtäschchen mit Stilton und
Olive 55
Junge Blattsalate mit Spinat,
Kartoffeln und Gorgonzola 15
Kartoffelterrine mit Dörrobst und Käse 68
Spinatgnocchi mit Blauschimmel-
käse 94

Blüten, essbare
Pellkartoffeln mit Senf-Kräuter-Quark
und essbaren Blüten 22

Blutwurst
Himmel und Erde 64

Brathuhn mit Rosmarinkartoffeln 74

Bratkartoffeln mit Matjes 51

Brunnenkresse
Geeiste Kartoffelsuppe mit Kräutern,
Jakobsmuscheln und Kaviar 39
Warmer Kartoffelsalat mit Brunnen-
kresse 34

Buebespitzle 40

Bunter Kartoffelsalat mit Frischkäsedip 32

Bürgermeisterstück mit Bouillonkartoffeln 111

C

Camembert
Kartoffelpuffer (Variante) 47

Champignons
Kartoffelgratin mit Austernpilzen
(Variante) 19
Chili-Rellenos gefüllt mit Ziegenkäse-
Kartoffeln 93

Chips 56

Comté
Kartoffelgratin mit Austernpilzen 19
Kartoffelgratin mit grünen Chilis 98
Kartoffelpuffer 47
Ofenkartoffeln mit Fleischfüllung 60

D

Dorade im Kartoffelmantel 135

Dörrobst
Kartoffelterrine mit Dörrobst und Käse 68

E

Emmentaler
Ofenkartoffeln mit Fleischfüllung 60

Erbsen
Kartoffelpfanne mit Fischfilet
(Variante) 53

Erdnussbutter 36

F

Fische und Meeresfrüchte
Aalsuppe 92
Bratkartoffeln mit Matjes 51
Dorade im Kartoffelmantel 135
Fish'n'Chips 102
Forellen mit Limetten-Bratkartoffeln 116
Geeiste Kartoffelsuppe mit Jakobs-
muscheln und Kaviar 39
Kartoffelcurry mit Safranjoghurt
(Variante) 131

Kartoffel-Fisch-Auflauf mit
Blattspinat 125
Kartoffel-Lauch-Suppe mit Kräuter-
garnelen 37
Kartoffelpfanne mit Fischfilet 53
Kartoffelpizza mit Lachs und Dill 73
Kartoffelsalat mit Muscheln und
Riesengarnelen 88
Risotto aus Kartoffeln 104

Fish'n'Chips 102

Flusskrebse
Kartoffel-Lauch-Suppe mit Kräuter-
garnelen (Variante) 37
Aalsuppe 92

Forellen mit Limetten-Bratkartoffeln 116

Frischkäse
Bunter Kartoffelsalat mit Frischkäsedip 32
Gebackene Kartoffeln mit mariniertem
Ziegenfrischkäse 43
Kartoffelpuffer (Variante) 47
Kartoffelwaffeln süße Art (Variante) 27

G

Garnelen
Kartoffel-Lauch-Suppe mit Kräuter-
garnelen 37
Kartoffelsalat mit Muscheln und
Riesengarnelen 88
Risotto aus Kartoffeln 104
Gebackene Kartoffeln mit mariniertem
Ziegenfrischkäse 43
Geeiste Kartoffelsuppe mit Kräutern,
Jakobsmuscheln und Kaviar 39

Geflügel
Brathuhn mit Rosmarinkartoffeln 74
Gefüllte Täubchen mit halbseidenen
Klößen 127
Kartoffelcurry mit Safranjoghurt
(Variante) 131
Maispoularde mediterrane Art 97
Schweizer Rösti mit Puten-
geschnetzeltem 101
Wachteln mit Pflaumen und Herzogin-
kartoffeln 119
Gefüllte Täubchen mit halbseidenen
Klößen 127

Gnocchi
Hirschgulasch mit Schokolade und
Rosmaringnocchi 132
Spinatgnocchi mit Blauschimmelkäse 94
Gouda
Chili-Rellenos gefüllt mit Ziegenkäse-
Kartoffeln 93
Kartoffelhälften mit Lauchfüllung und
dreierlei Käse 41
Greyerzer
Buebespitzle 40
Kartoffelgratin mit Austernpilzen 19
Kartoffelpuffer 47
Lammkarree mit Kartoffel-Apfel-Gratin 128
Ofenkartoffeln mit Fleischfüllung 60
Grillkartoffelsalat mit Lammlachsen 91
Guacamole 54

Hackfleisch
Kartoffeltopf mit Hackfleisch 21
Ofenkartoffeln mit Fleischfüllung 60
Halbseidene Klöße 127
Hausmittel aus Kartoffeln 30, 31
Havarti
Kartoffelhälften mit Lauchfüllung und
dreierlei Käse 41
Herzoginkartoffeln 119
Himmel und Erde 64
Hirschgulasch mit Schokolade und
Rosmaringnocchi 132
Huhn
Brathuhn mit Rosmarinkartoffeln 74
Kartoffelcurry mit Safranjoghurt
(Variante) 131
Maispoularde mediterrane Art 97

Jakobsmuscheln
Geeiste Kartoffelsuppe mit Kräutern,
Jakobsmuscheln und Kaviar 39
Kartoffel-Lauch-Suppe mit Kräuter-
garnelen (Variante) 37
Joghurt
Bratkartoffeln mit Matjes (Variante) 51
Kartoffelcurry mit Safranjoghurt 131
Omelette mit frischem Obst 36
Reibekuchen mit Beerenfrüchten 83
Junge Blattsalate mit Spinat, Kartoffeln
und Gorgonzola 15

Kabeljau
Fish'n'Chips 102
Kartoffel-Fisch-Auflauf mit Spinat 125
Kalbfleisch
Kalbsrahmbraten mit handgerollten
Kroketten 115
Kalbsrahmgulasch (Variante) 115
Zürcher Geschnetzeltes (Variante) 101
Kalbsrahmbraten mit handgerollten
Kroketten 115
Kalbsrahmgulasch (Variante) 115
Kaninchen in Weißweinsahne mit
Bamberger Hörnle 109
Kartoffeln
Rezepte mit festkochenden Kartoffeln
Aalsuppe 92
Blätterteigtäschchen mit Stilton und
Olive 55
Bratkartoffeln mit Matjes 51
Bunter Kartoffelsalat mit Frischkäsedip 32
Grillkartoffelsalat mit Lammlachsen 91
Junge Blattsalate mit Spinat,
Kartoffeln und Gorgonzola 15
Kaninchen in Weißweinsahne mit
Bamberger Hörnle 109
Kartoffelchips 56
Kartoffelcurry mit Safranjoghurt 131
Kartoffelhälften mit Lauchfüllung und
dreierlei Käse 41
Kartoffelpuffer 47, 82
Kartoffelterrine mit Dörrobst und Käse 68
Kürbiscurry mit Kartoffeln 104
Nestchen 137
Ofenkartoffeln mit Fleischfüllung 60
Pichelsteiner 116
Pommes frites auf dreierlei Art 77
Reibekuchen mit Apfelbrei 82
Reibekuchen mit Beerenfrüchten 82
Reibekuchen mit Sauerkraut 82
Reibekuchen mit Tomatensauce 82
Rinderbraten mit Schmandwirsing und
Salzkartoffeln 106
Risotto aus Kartoffeln 104
Schmarrn 24
Schweizer Rösti mit Puten-
geschnetzeltem 101
Rezepte mit Frühkartoffeln
Brathuhn mit Rosmarinkartoffeln 74
Bunter Kartoffelsalat mit Frischkäsedip 32
Kartoffeln und Butter und Salz 24
Kartoffelpizza mit Lachs und Dill 73

Kartoffelsalat mit Muscheln und Riesen-
garnelen 88
Maispoularde mediterrane Art 97
Pellkartoffeln mit Senf-Kräuter-Quark
und essbaren Blüten 22
Warmer Kartoffelsalat mit Brunnen-
kresse 34
**Rezepte mit mehligkochenden
Kartoffeln**
Buebespitzle 40
Chili-Rellenos gefüllt mit Ziegenkäse-
Kartoffeln 93
Dorade im Kartoffelmantel 135
Geeiste Kartoffelsuppe mit Kräutern,
Jakobsmuscheln und Kaviar 39
Gefüllte Täubchen mit halbseidenen
Klößen 127
Himmel und Erde 64
Hirschgulasch mit Schokolade und
Rosmaringnocchi 132
Kalbsrahmbraten mit handgerollten
Kroketten 115
Kaninchen in Weißweinsahne mit
Bamberger Hörnle (Variante) 109
Kartoffelbrot mit Quark 92
Kartoffelcremesuppe mit Trüffelöl und
Steinpilzen 17
Kartoffel-Fisch-Auflauf mit Blattspinat 125
Kartoffel-Lauch-Suppe mit Kräuter-
garnelen 37
Kartoffelpüree mit Petersilienwurzeln
und Trüffeln 105
Kartoffelwaffeln süße Art 27
Krustenschweinsbraten mit Kartoffel-
knödeln 117
Lauch-Kartoffel-Törtchen mit
Parmesan 45
Marillenknödel 137
Nudeln aus Kartoffelteig 40
Spinatgnocchi mit Blauschimmelkäse 94
Steckrübeneintopf mit gepökeltem
Schinkenfleisch 70
Wachteln mit Pflaumen und Herzogin-
kartoffeln 119
**Rezepte mit vorwiegend festkochen
den Kartoffeln**
Bürgermeisterstück mit Bouillon-
kartoffeln 111
Fish'n'Chips 102
Forellen mit Limetten-Bratkartoffeln 116
Gebackene Kartoffeln mit mariniertem
Ziegenfrischkäse 43

Kartoffelgratin mit Austernpilzen 19
Kartoffelgratin mit grünen Chilis 98
Kartoffelpfanne mit Fischfilet 53
Kartoffeltopf mit Hackfleisch 21
Kartoffelwurst 80
Lammkarree mit Kartoffel-Apfel-Gratin 128
Omelette mit frischem Obst 36
Rösti aus gekochten Kartoffeln 81
  Kartoffelreis mit Kreuzkümmel 81
Saumagen 136
Scharfe Gulaschsuppe mit Kartoffeln 112
Tortilla mit Paprika 59
Wilde Kartoffeln mit Knoblauch-
  mayonnaise 62
Zitronige Ofenkartoffeln mit Feta und
  Pinienkernen 25
Kartoffelbrot mit Quark 92
Kartoffelchips 56
Kartoffelcremesuppe mit Trüffelöl und
  Steinpilzen 17
Kartoffelcurry mit Safranjoghurt 131
Kartoffel-Fisch-Auflauf mit Blattspinat 125
Kartoffelgratin mit Austernpilzen 19
Kartoffelgratin mit grünen Chilis 98
Kartoffelhälften mit Lauchfüllung und
  dreierlei Käse 41
Kartoffelklöße 117, 127
Kartoffelkroketten 115
Kartoffel-Lauch-Suppe mit Kräuter-
  garnelen 37
Kartoffeln backen 13
Kartoffeln einkaufen 49
Kartoffeln frittieren 13, 77
Kartoffeln garen 12, 13
Kartoffeln lagern 49
Kartoffeln selbst ziehen 67
Kartoffeln und Butter und Salz 24
Kartoffelpfanne mit Fischfilet 53
Kartoffelpizza mit Lachs und Dill 73
Kartoffelpuffer 47, 82
Kartoffelpüree mit Petersilienwurzeln und
  Trüffeln 105
Kartoffelreis mit Kreuzkümmel 81
Kartoffelsalat mit Muscheln und
  Riesengarnelen 88
Kartoffelschnaps 79
Kartoffelsorten 10, 11
Kartoffelterrine mit Dörrobst und Käse 68
Kartoffeltopf mit Hackfleisch 21
Kartoffelwaffeln süße Art 27
Kartoffelwurst 80

Kaviar
  Geeiste Kartoffelsuppe mit Kräutern,
    Jakobsmuscheln und Kaviar 39
Ketchup 80
Knollensellerie
  Kartoffelcremesuppe mit Trüffelöl und
    Steinpilzen 17
  Kartoffel-Lauch-Suppe mit Kräuter-
    garnelen (Variante) 37
  Kartoffelpüree mit Petersilienwurzeln
    und Trüffeln 105
  Pichelsteiner 116
Kroketten 115
Krustenschweinsbraten mit Kartoffel-
  knödeln 117
Kürbiscurry mit Kartoffeln 104

 L

Lachs
  Kartoffel-Fisch-Auflauf mit Blattspinat
    125
  Kartoffel-Lauch-Suppe mit Kräuter-
    garnelen (Variante) 37
  Kartoffelpizza mit Lachs und Dill 73
Lamm
  Grillkartoffelsalat mit Lammlachsen 91
  Kartoffelcurry mit Safranjoghurt
    (Variante) 131
  Lammkarree mit Kartoffel-Apfel-
    Gratin 128
  Pichelsteiner 116
Lauch
  Aalsuppe 92
  Kartoffelhälften mit Lauchfüllung und
    dreierlei Käse 41
  Kartoffel-Lauch-Suppe mit Kräuter-
    garnelen 37
  Kartoffelwaffeln süße Art (Variante) 27
  Lauch-Kartoffel-Törtchen mit
    Parmesan 45

 M

Maispoularde mediterrane Art 97
Manchego
  Kartoffelhälften mit Lauchfüllung und
    dreierlei Käse (Variante) 41
Marillenknödel 137

Maronenröhrlinge
  Kartoffelgratin mit Austernpilzen
    (Variante) 19
Matjes
  Bratkartoffeln mit Matjes 51
Mayonnaise
  Remoulade 55
  Wilde Kartoffeln mit Knoblauch-
    mayonnaise 62
Möhre
  Kartoffelcremesuppe mit Trüffelöl und
    Steinpilzen (Variante) 17
  Pichelsteiner 116
  Scharfe Gulaschsuppe mit Kartoffeln 112
Mozzarella
  Kartoffelpizza mit Lachs und Dill
    (Variante) 73
Muscheln
  Kartoffelsalat mit Muscheln und
    Riesengarnelen 88

 N

Nestchen 137
Nudeln aus Kartoffelteig 40

 O

Ofenkartoffeln mit Fleischfüllung 60
Omelette mit frischem Obst 36

P

Parasolpilze
  Kartoffelgratin mit Austernpilzen
    (Variante) 19
Parmesan
  Buebespitzle 40
  Kartoffelgratin mit Austernpilzen 19
  Kartoffelgratin mit grünen Chilis 98
  Kartoffelhälften mit Lauchfüllung und
    dreierlei Käse 41
  Lauch-Kartoffel-Törtchen mit Parmesan 45
  Risotto aus Kartoffeln 104
Pastinake 86, 87
  Kartoffel-Lauch-Suppe mit Kräuter-
    garnelen (Variante) 37
Pecorino
  Kartoffelgratin mit Austernpilzen 19
  Kartoffelhälften mit Lauchfüllung und
    dreierlei Käse (Variante) 41
  Pellkartoffeln mit Senf-Kräuter-Quark und
    essbaren Blüten 22

Petersilienwurzel
Kartoffelcremesuppe mit Trüffelöl und Steinpilzen (Variante) 17
Kartoffel-Lauch-Suppe mit Kräutergarnelen (Variante) 37
Kartoffelpüree mit Petersilienwurzeln und Trüffeln 105

Pfifferlinge
Kartoffelgratin mit Austernpilzen (Variante) 19
Pichelsteiner 116
Pommes frites auf dreierlei Art 77
Pommes Pont Neuf (Variante) 77
Pommeswürfel (Variante) 77

Poularde
Maispoularde mediterrane Art 97

Pute
Kartoffelcurry mit Safranjoghurt (Variante) 131
Schweizer Rösti mit Putengeschnetzeltem 101

Quark
Bunter Kartoffelsalat mit Frischkäsedip 32
Kartoffelbrot mit Quark 92
Pellkartoffeln mit Senf-Kräuter-Quark und essbaren Blüten 22

Reis
Kartoffelreis mit Kreuzkümmel 81
Reibekuchen mit Apfelbrei 83
Reibekuchen mit Beerenfrüchten 83
Reibekuchen mit Sauerkraut 82
Reibekuchen mit Tomatensauce 82
Remoulade 54
Rinderbraten mit Schmandwirsing und Salzkartoffeln 106

Rindfleisch
Bürgermeisterstück mit Bouillonkartoffeln 111
Kartoffeltopf mit Hackfleisch 21
Kartoffelwurst 80
Ofenkartoffeln mit Fleischfüllung 60
Pichelsteiner 116
Rinderbraten mit Schmandwirsing und Salzkartoffeln 106
Saumagen 136

Scharfe Gulaschsuppe mit Kartoffeln 112
Risotto aus Kartoffeln 104
Rösti aus gekochten Kartoffeln 81

Sauerkraut
Reibekuchen mit Sauerkraut 82
Saumagen 136

Schafskäse
Kartoffelpizza mit Lachs und Dill (Variante) 73
Zitronige Ofenkartoffeln mit Feta und Pinienkernen 25
Scharfe Gulaschsuppe mit Kartoffeln 112

Schellfisch
Fish'n'Chips 102
Schmarrn 24

Scholle
Fish'n'Chips 102

Schweinefleisch
Krustenschweinsbraten mit Kartoffelknödeln 117
Pichelsteiner 116
Saumagen 136
Steckrübeneintopf mit gepökeltem Schinkenfleisch 70
Schweizer Rösti mit Putengeschnetzeltem 101

Seelachs
Fish'n'Chips 102
Kartoffel-Fisch-Auflauf mit Blattspinat 125
Kartoffelpfanne mit Fischfilet 53

Speck
Grillkartoffelsalat mit Lammlachsen 91
Himmel und Erde 64
Kartoffelpizza mit Lachs und Dill (Variante) 73
Kartoffelterrine mit Dörrobst und Käse 68
Kartoffelwaffeln süße Art (Variante) 27
Kartoffelwurst 80
Ofenkartoffeln mit Fleischfüllung 60

Spinat
Junge Blattsalate mit Spinat, Kartoffeln und Gorgonzola 15
Kartoffel-Fisch-Auflauf mit Blattspinat 125
Spinatgnocchi mit Blauschimmelkäse 94
Steckrübeneintopf mit gepökeltem Schinkenfleisch 70

Steinpilze
Kartoffelcremesuppe mit Trüffelöl und Steinpilzen 17
Kartoffelgratin mit Austernpilzen (Variante) 19
Süßkartoffeln 86, 87
Auflauf aus Süßkartoffeln 136

Täubchen
Gefüllte Täubchen mit halbseidenen Klößen 127

Tomaten
Chili-Rellenos gefüllt mit Ziegenkäse-Kartoffeln (Variante) 93
Kaninchen in Weißweinsahne mit Bamberger Hörnle (Variante) 109
Kartoffelpizza mit Lachs und Dill (Variante) 73
Ketchup 80
Maispoularde mediterrane Art 97
Topinambur 86, 87
Tortilla mit Paprika 59
Trüffel und Trüffelöl
Kartoffelcremesuppe mit Trüffelöl und Steinpilzen 17
Kartoffelpüree mit Petersilienwurzeln und Trüffeln 105

Wachteln mit Pflaumen und Herzoginkartoffeln 119
Warmer Kartoffelsalat mit Brunnenkresse 34
Wilde Kartoffeln mit Knoblauchmayonnaise 62
Wirsing
Kartoffelhälften mit Lauchfüllung und dreierlei Käse (Variante) 41
Rinderbraten mit Schmandwirsing und Salzkartoffeln 106
Wodka 79

Ziegenfrischkäse
Gebackene Kartoffeln mit mariniertem Ziegenfrischkäse 43
Kartoffelpuffer (Variante) 47
Zitronige Ofenkartoffeln mit Feta und Pinienkernen 25
Zürcher Geschnetzeltes (Variante) 101

KOSMOS.

Kochen und Genießen.

Cornelia Schinharl
Gut gekocht!
Das Grundkochbuch

240 S., ca. 260 Abb.
€/D 19,95
ISBN 978-3-440-12240-2

Gut gezeigt, was wichtig ist

Die sichere Basis – knusprige Bratkartoffeln, knackige Gemüsepfanne, feine Vanillecreme und vieles mehr. Cornelia Schinharl erklärt anhand von klassischen und modernen Grundrezepten nicht nur wie, sondern auch warum etwas genau so gekocht wird. So gelingen einfache Alltagsgerichte und kreative Variationen mühelos.

Vielfalt pur.
Frisch auf den Tisch.

Für jede Jahreszeit

Die Biokiste – Woche für Woche wartet sie frisch vom Produzenten auf manchmal etwas ratlose Küchenakteure. Und auch auf dem Wochenmarkt stößt man immer wieder auf unbekannte, fast vergessene Gemüsesorten. Für jede Jahreszeit stellt die Autorin typische regionale und saisonale Gemüsesorten vor und zeigt abwechslungsreiche Rezepte, die zum Ausprobieren einladen.

Cornelia Schinharl
Biokisten Kochbuch

144 S., ca. 160 Abb., €/D 14,95
ISBN 978-3-440-12248-8

Die besten Rezepte

Was tun mit den Äpfeln aus Schwiegermutters Garten? Dem Korb Quitten vom Nachbarn? Hier finden Sie die besten Rezepte fürs Einmachen, Trocknen und Haltbarmachen, für schnelle und einfache Gerichte für jeden Tag genauso wie für ausgefallene festliche Menüs zum Verwöhnen und Genießen. Garniert mit viel Wissenswertem rund um das beliebte Kernobst.

Inge Swoboda • Jacqueline Vogt
Äpfel, Birnen & Quitten

144 S., ca. 160 Abb., €/D 14,95
ISBN 978-3-440-12245-7

www.kosmos.de/essen_und_trinken

AKTEURE

Matthias F. Mangold, geborener Franke, angelernter Schwabe, gefühlter Kalifornier, hat, nach Münchner Zwischenjahren, seine Genussheimat in der Pfalz gefunden. Der Journalist, studierte Philosoph und Historiker gründete 2003 sein Unternehmen genuss-tur und veranstaltet Weinseminare, Kochkurse, Wein-touren und kulinarische Firmenincentives – all dies in seinem 300 Jahre alten Anwesen. Er ist Mitglied in vielen Verkostungsjurys, hat mehrere Kochbücher und Weinführer veröffentlicht und steht für eine bodenständige, nachkochbare, aber überraschende Küche mit Ausflügen ins Mediterrane und Asiatische.

Alexander Walter ist seit 20 Jahren selbständiger Fotograf. Im Auftrag renommierter Verlage und inter-nationaler Agenturen arbeitet er vor allem in den Bereichen People, Still life und Reportage. Der leiden-schaftliche Gourmet und Hobbykoch war bei über 40 Fach- und Kochbüchern für die optische Umset-zung der Konzepte verantwortlich. Mit seinen drei Kindern und seiner Frau lebt und arbeitet er mitten im Grünen, im schönsten bayerischen Oberland.

Michael Pannewitz setzt seit 10 Jahren als Food-stylist Gerichte verführerisch in Szene. Zuvor hat er nicht nur eine Ausbildung als Fotograf absolviert, sondern auch 16 Jahre lang in prämierten Restaurants als Koch seine Gäste verwöhnt. Unterstützt wird Michael Pannewitz von **Simon Phillip Kresse.** Nach 15 Jahren als Koch in Hotels und Restaurants in ganz Europa spezialisiert er sich nun auf das Thema Foodstyling.

Natascha Sanwald ist für Ausstattung und Requisite verantwortlich. Seit vielen Jahren arbeitet sie als Stylis-tin für Wohn- und Einrichtungsmagazine.

Der Verlag dankt folgenden Unternehmen für die Unterstützung dieses Buchprojekts:

· Neff, www.neff.de
· Kustermann, München, www.kustermann.de
· 1260GRAD, München, www.1260grad.de
· Kochgut, München, www.kochgut-muenchen.de
· Landpartie, Kristina Stöckel by Landpartie, München
· Radspieler, München, www.radspieler.de

IMPRESSUM

Mit 99 Farbfotos von Alexander Walter und 1 Foto von Anne Rogge (S. 66)

Umschlaggestaltung von Gramisci Editorialdesign, München, unter Verwendung eines Fotos von Alexander Walter

Rezepte, Geling-Tipps, Infos zum KOSMOS-Kochbuch-Programm und vieles mehr unter **www.kosmos.de/gut-gekocht**

Unser gesamtes lieferbares Programm und viele weitere Informationen zu unseren Büchern, Spielen, Experimentierkästen, DVDs, Autoren und Aktivitäten finden Sie unter **www.kosmos.de**

Gedruckt auf chlorfrei gebleichtem Papier

ISBN 978-3-440-12246-4

Redaktion und Projektleitung: Claudia Salata
Lektorat: Eva Henle, Wien
Gestaltungskonzept und Layout: Gramisci Editorialdesign, München
Satz: Atelier Krohmer, Dettingen/Erms
Produktion: Eva Schmidt
Printed in Germany / Imprimé en Allemagne

Mix
Produktgruppe aus vorbildlich bewirtschafteten Wäldern und anderen kontrollierten Herkünften
Product group from well-managed forests and other controlled sources
www.fsc.org Zert.-Nr. SGS-COC-004238
© 1996 Forest Stewardship Council

FSC